Erfolg mit Kommunikation

Acht wirksame Tools, wie Du als Student und junge Führungskraft sicher Feedback gibst, Konflikte löst und innere Stärke erhältst

"Gehe Deinen eigenen Weg, dann kann Dich niemand überholen." Marlon Brando

© 2020 Holger Zander
Auflage 1
Autor: Holger Zander

Cover Bild: Sam Cadosch, SalesAngels

Inhaltsverzeichnis:

Einleitung

Ziel des Buches

Zusätzliches Material und Support

Mein Codex: Du bist einmalig

1: Die richtigen Gedanken denken
   # 1.1 Die inneren Antreiber

2: Sei gesprächsbereit und somit erfolgreich

3: Feedback: Das Frühstück der Champions
   # Exkurs: Ich- und Du-Botschaften
   # Du als Feedback-Geber und -Nehmer
   # Feedback-Fallen

4: Das Fundament heißt Vertrauen

5: Konflikte reden und meistern
   # Sicherheit und Souveränität

6: Delegiere oder verliere

7: Begeisternd präsentieren
   # Lampenfieber
   # Die Struktur

   # Einstieg

Hauptteil

Wirksprache

Metapher

Schluss

8: Ziele formulieren

Zusammenfassung

Über den Autor

Copyright © 2020

Einleitung

Ich habe in den vergangenen 15 Jahren mit über 1.000 Studenten, Trainees und jungen Führungskräften zusammengearbeitet. Dabei stellte ich fest, dass viele kluge, ehrgeizige und talentierte junge Menschen sich einfach nicht zugetraut haben, eine Führungsposition zu übernehmen. Sie hatten zu viel Respekt und Angst vor den neuen Herausforderungen, weil sie in ihrer Ausbildung auf diese nicht ausreichend vorbereitet wurden. Und hatten sie den Mut, den Schritt als Chef zu gehen, scheiterten viele junge High Potentials in den ersten Monaten.

Als Journalist, Trainer und Experte für Führungskommunikation hat mich diese Tatsache total frustriert, weil so viele junge Talente ihren Karriereweg nicht gegangen sind. So reifte in mir der Entschluss, die Zanderkompass-Akademie zu gründen und damit der oft schlechten Ausbildung in der Führungs-Kommunikation auf den Grund zu gehen. Auf Basis dieser Erfahrungen ist nun dieses hilfreiche und praxisorientierte E-Book entstanden.

Junge Menschen, die nach dem Studium oder der Ausbildung ambitioniert in die Firmen strömen, denken in Netzwerken, in Teams und digital. Unter diesen Voraussetzungen bildet das Instrument der Führungs-Kommunikation die Basis für einen erfolgreichen ersten Karriereschritt. Denn wir arbeiten - bis zum Durchbruch der künstlichen Intelligenz - jeden Tag mit Menschen zusammen. Und damit Du als junge Führungskraft Deine Chefs, Kollegen, Mitarbeiter, Lieferanten und Kunden begeistern und verstehen kannst ist es wichtig, zuzuhören und zu antworten. Kurz gesagt: Erfolg mit Kommunikation zu leben. Hier der Link zum Premium Coaching für junge Führungspersönlichkeiten:

https://zandercompass.onepage.me/youngprofessional

Ziel des Buches

Ich verrate Dir in einer einfachen und verständlichen Sprache die acht magischen Kommunikationswerkzeuge, damit Du als junge Führungspersönlichkeit in der VUKA-Welt durchstarten kannst. Es sind bekannte Tools – neu gedacht. Frei nach Johann Wolfgang von Goethe: "Alles Gute ist schon gedacht, man muss nur versuchen, es noch einmal zu denken." Das Zitat hat in Zeiten des Wandels und der Digitalisierung eine besondere Aktualität erhalten.

Ich freue mich sehr über Dein Interesse an diesem Ratgeber, den Du hoffentlich in Ruhe lesen und schließlich ganz einfach ohne viel Aufwand in die Praxis umsetzen kannst. Ziel meines Buches ist, Dir mehr Sicherheit und innere Stärke zu geben und dass Du Dich mit Herzblut und Leidenschaft in Deine neuen Aufgaben stürzt. Du erhältst von mir Schritt für Schritt-Anleitungen, Checklisten und Textbausteine, um erfolgreich Gespräche mit Deinem Team zu führen. Wesentliche Bestandteile dieser kommunikativen Führung sind und bleiben dabei Menschlichkeit und Wertschätzung.

Zusätzliches Material und Support

Zudem biete ich allen Lesern einen vergünstigten Online-Kurs zum Thema Führungsqualitäten an. Das erste Modul ist gratis. Dazu gibt es Workbooks und auch weitere Informationen unter folgendem Link:

https://holgerzander.coachy.net/lp/erfolgskommunikation/

Mein Codex: Du bist einmalig

Ich wünsche mir, dass Du nach dem Lesen meines Buches bereit bist. Dass Du bereit bist, den Herausforderungen einer Führungspersönlichkeit Deinen eigenen Stempel aufzudrücken. Auf diesem Stempel steht das wichtigste Führungsinstrument – Kommunikation. Getreu dem Codex der Zanderkompass-Akademie, nachdem Du ein Geschenk für die Welt bist: Wir sind Menschen, die Ideen, Strategien, Projekte, andere Menschen und Unternehmen über Kommunikation bewegen und damit als Wegbereiter positiven Einfluss auf Welt und Wirtschaft nehmen.

Wir zweifeln niemals daran, dass eine Person oder eine kleine Gruppe von Menschen die Welt verändern kann – es ist das Einzige, was bisher funktioniert hat. Es waren immer einzelne Menschen mit Empowerment, die die Welt und Unternehmen veränderten. Dabei steht immer der Mensch im Vordergrund. Denn viel wichtiger als Zeugnis, Abitur und Diplom ist ein Leben und Arbeiten, das dem Herzen folgt statt einem Lehrplan, ein Leben mit eigenen Zielen statt einem Klassenziel – und ein Leben mit einem starken Willen, statt einer Eins im Betragen.

In unserem täglichen Wirken stehen der positive Nutzen und die Veränderung im Vordergrund, die wir für Menschen und Unternehmen generieren. Damit bist Du ein Mensch, der Ideen, Strategien, Projekte und Unternehmen bewegt und als Wegbereiter und Inspirator positiven Einfluss auf Dich, auf andere Menschen und auf Deine Firma nimmt.

Dies geht an Euch, an die Idealisten, die Querdenker, die Visionäre und Rebellen: Lasst Euch in kein Schema pressen, bewertet Dinge anders, beugt Euch keinen Regeln und habt keinen Respekt vorm Status Quo. Denn die, die verrückt genug sind zu denken, sie könnten die Welt verändern, sind die, die es tun. Du bist ein Geschenk für diese Welt. Die Chance geboren zu werden liegt bei 400 Billionen zu eins. Die Wahrscheinlichkeit nacheinander sechs Mal sechs Richtige im Lotto zu haben ist größer, als das Licht der Welt zu erblicken. Wir haben den größten Jackpot des Universums geknackt. Du bist der Gestalter Deines Lebens, also hau eine Delle ins Universum und gib Vollgas.

1: Die richtigen Gedanken denken

„Das, was jemand von sich selbst denkt, bestimmt sein Schicksal." Mark Twain

Manchmal braucht es im Leben einen kleinen Impuls, um seine Ziele und Träume anzupacken. Meine beiden Töchter haben mir ein Buch geschenkt. Ich liebe Fachbücher über Kommunikation und Führungskompetenz und da Paula und Franca mich genau kennen, haben Sie eine Widmung ins Buch geschrieben: „Glaub an Deine Träume, denn wir glauben ganz fest an Deine." Durch diese Widmung habe ich endlich angefangen, mich selbstständig zu machen und dieses Buch zu schreiben.

Und alles, was wir in unserer Familie anfangen, machen wir mit Herzblut. Denn wenn wir die Herzen der Menschen erreichen, brauchen wir uns um die Köpfe keine Sorgen zu machen. Meine Herzensangelegenheit ist es, jungen Menschen auf ihren ersten Schritten der Karriere zu einer wirksamen Persönlichkeit den Impuls zu geben, sicher, stark und erfolgreich die Herausforderungen des neuen Jobs zu meistern.

In meinen zahlreichen Gesprächen mit Studenten, Trainees und jungen Führungskräften bin ich immer wieder erschrocken, wie unprofessionell und einfallslos unsere Talente, sei es auf der Universität, in Fachhochschulen und in den Unternehmen, auf verantwortungsvolle Führungsaufgaben vorbereitet werden. Dabei sollen doch die Generation Y und Z die Firmen durch den permanenten Change führen. Durch die so genannte VUKA-Welt. VUKA ist ein Akronym, das sich aus den Anfangsbuchstaben der Worte Volatilität, Unsicherheit, Komplexität und Ambivalenz zusammensetzt. Die Begriffe beschreiben laut Wikipedia den Zustand der aktuellen Arbeitswelt: Sie ist kompliziert, schnell, unsicher und unvorhersehbar. Jeder Mitarbeiter spürt diese Veränderungen bereits am eigenen Leib.

Wir haben das Gefühl, das durch die fortschreitende Digitalisierung und Globalisierung das Arbeitsleben schneller und sensibler geworden ist. So lange alle Komponenten gut ineinandergreifen, ist alles gut. Aber wehe, ein kleines Rädchen fällt aus und die verzahnten Prozesse laufen aus dem Ruder. Und in diesem fragilen Umfeld sollen die jungen Talente im Alter zwischen 20 und 30 Jahren oft ältere Kollegen, die ihre Eltern sein könnten, begeistern und motivieren.

Viele Chefs und Unternehmer sind davon überzeugt, dass die Generation Z, für die eine Welt ohne Smartphones, Tablets, WLAN und Facebook nicht mehr existiert, diese VUKA-Welt schon in den Griff bekommt. Sie glauben, Ihr seid die eigentlichen Digital Natives. Ihr seid die Netzwerker aus Leidenschaft und kennt Euch mit Facebook, Instagram, TikTok und YouTube aus. Um sich erfolgreich in einer Führungsposition zu behaupten und auch die Generation X von Deinen Fähigkeiten zu überzeugen, reichen diese Skills nicht aus. Und ganz ehrlich, dass weißt Du doch selbst.

Wir leben in einer Zeit, in der die sogenannte Face-to-Face Kommunikation oder besser gesagt das normale Gespräch immer mehr an Stellenwert verliert. Es werden E-Mails geschrieben, Chat-Nachrichten oder nur noch Emojis versendet, um mit Kollegen oder Freunden zu kommunizieren. Wie soll ein talentierter, junger Mensch der Generation Z vor diesem Hintergrund Feedback geben, eine Rede halten oder selbstbewusst ältere Kollegen motivieren, wenn diese Fähigkeiten in seiner Ausbildung keine Rolle spielen? Bitte verstehe mich nicht falsch. Selbstverständlich verhalten sich nicht alle jungen Menschen nach diesem Muster.

Und Social Media und die Digitalisierung sind im beruflichen Alltag fest integriert. Und ich bin ein großer Fan davon. Ich bin der festen Überzeugung, dass es in den kommenden Jahren einen harmonischen Mix zwischen den Generationen und ihren jeweiligen Stärken auf dem Arbeitsmarkt geben muss.
Und was machen immer noch viele Geschäftsführer und Vorstände? Als Mikro-Manager führen sie ihre Mitarbeiter über Druck, Zwang und Präsenzpflicht.

Dadurch entsteht ein Umfeld der Angst und Kontrolle, in dem Mitarbeiter einfach keinen Bock haben, für ihre Firma, Agentur oder ihren Konzern eine Delle ins Universum zu hauen. Viele Vorstände und Geschäftsführer wissen selbst nicht, wie moderne Führungs-Kommunikation aussieht. Zudem haben sie Führung selbst nie gelernt und sich auch in den vergangenen Jahren auf diesem Gebiet nicht fortgebildet, so dass sie mit veraltetem Wissen ihr Unternehmen oder ihre Teams ins digitale Zeitalter führen.

Ich habe selbst erlebt, wie Entscheider beim Thema Leadership die Stirn runzeln. Sie stellen keine Budgets zur Verfügung und schlichtweg die falschen oder gar keine Mitarbeiter ein, weil sie die Veränderungen im eigenen Unternehmen fürchten. Viele Entscheider haben eine veraltete oder nur unzureichende Beschreibung der Führungsrolle. Somit wissen die (jungen) Kandidaten - die für eine Führungsposition ausgesucht werden - nicht, welche Rechte und Pflichten, Ansprüche und Aufgaben auf sie warten. Sie haben keine Ahnung, welche Veränderungen sie durchlaufen müssen, sicherlich auch, weil sich viele keine Gedanken über ihre neue Rolle machen.

Keine Sorge, es gibt sie, diese Unternehmen, die mehr Freiheit, Entfaltung sowie Empathie und Partizipation für jeden Einzelnen bieten. Um diese Werte zu leben und zu vermitteln, brauchen (junge) Führungspersönlichkeiten einen klaren Blick auf sich selbst sowie eine offene und wertschätzende Kommunikation. Es sind nicht nur die jungen Start-ups, die moderne und agile Führungsstrukturen leben, auch in großen Konzernen, im Mittelstand und bei traditionsreichen Familienunternehmen findet ein Umdenken statt. Die Schwierigkeit besteht darin, sie zu finden.

Durch die digitale Welt ist es für jeden User innerhalb von Sekunden einfacher und schneller möglich, mit ein paar Klicks sich zu informieren. Solltest Du Texte, Artikel oder Posts, die im Internet stehen, nicht nochmal denken, so wie Goethe es vorgeschlagen hat? Die meisten Informationen und Quellen im Netz sind nicht von einer unabhängigen Stelle geprüft worden. Oder unternimmst Du einen Perspektivwechsel, um den anderen wirklich zu verstehen?

Zum Beispiel Feedback geben. In meiner Recherche und der Keyword-Analyse zu diesem Buch haben über 820.000 Menschen den Begriff „Feedback geben" in die Suchmaschine Google eingeben. Der Bedarf nach Feedback-Tools ist sehr hoch. Und ich zeige Dir hier, wie Du ganz einfach, ohne ein übertreuertes Seminar zu buchen oder viel Zeit in die Suche im Internet zu investieren, mit den drei Ws wertschätzendes Feedback geben kannst. Wie Du insbesondere bei älteren Kollegen Vertrauen und Anerkennung aufbaust. Wie Du die richtige Einstellung zur neuen Führungsrolle mit den richtigen Gedanken findest. Ich zeige Dir, wie Du mit einer großen Portion Mut Vertrauen in Deinem Team aufbaust und dabei Selbstmotivation bei jedem Mitarbeiter auslöst.

Die zukünftige Art von Führung bewegt nicht nur Geld, Waren oder Daten, sondern vor allem Menschen. Und ich gebe Dir die Tools, wie Du über Kommunikation die Menschen in Deinem Team begeisterst, Deine Vision und Werte vermittelst, richtig lobst und delegierst, wie Du das Engagement förderst und dabei noch Ergebnisse erzielst.

Vor vielen, vielen Jahren, als ich noch ein kleiner Junge war... mit meinen großen Träumen, leuchtenden Augen und viel Fantasie im Herzen... da habe ich mich immer wieder gefragt: Wie kann ich meine Träume in dieser Welt erreichen? Wie kann ich mir all meine Wünsche erfüllen? Heute sage ich: Wie kann ich aus meinem Leben ein Meisterwerk machen? Übrigens: Ich wollte als kleiner Dorfjunge Fußballprofi werden. Nur: Allzu oft platzen diese Träume wie eine Seifenblase. Denn ALLE anderen (außer ich selbst) wussten es natürlich besser: "Das wird doch sowieso nichts!", "Bleib doch mal realistisch!", "Schau dir doch die Tatsachen an!" und "Du wohnst nun mal in einem kleinen Dorf!" "Das kannst du nicht, das darfst du nicht, das ist nichts für dich!" Ein Kind hört bis zu seiner Volljährigkeit vermutlich über 100.000 Mal diese (Ver-) Gebote. Und dann gehen sie in Fleisch und Blut über, verschmelzen mit Deiner DNA und Du glaubst den ganzen negativen Sch…..

Meine Mutter arbeitete bei einer Bank und hat mir vom Weltspartag eine Zeugnismappe mitgebracht. Einige Monate zuvor war mein erster Schultag in der Grundschule und weil meine Mutter immer großzügig im Voraus dachte, hatte ich nun fünf Monate - bevor ich das erste Zeugnis bekam - eine blaue Zeugnismappe. Auf der ersten Seite steht in großen schwarzen Buchstaben: "Spare, lerne, leiste was, dann haste, kannste, biste was!" Bedeutet: Nur über sparen und lernen wirst du erst jemand sein. Ich habe mich mit diesen limitierten Glaubenssätzen zunächst zufriedengegeben.

Ich wusste es ja nicht besser. Und jedes Halbjahr kam ein neues Zeugnis dazu und wieder schaute ich auf den Spruch. Das ich ihn noch heute auswendig weiß, sagt alles über die Macht der unbewussten Glaubenssätze. Wir saugen diese Sprüche auf und merken nicht einmal, wie sie uns limitieren.

Eines Tages erhielt ein Freund von mir einen Profi Vertrag bei einem Zweitliga-Klub. Wir haben jeden Tag auf dem Bolzplatz Fußball gespielt. Ich fragte mich, wieso er und nicht ich? So viel besser war er nicht. Mein Kumpel hat einfach viel größer gedacht und sich nicht von den negativen Glaubenssätzen seines Umfelds beirren lassen. Ich habe mich klein gedacht und geglaubt, ich werde es sowieso nicht schaffen. Heute weiß ich, dass wir jederzeit in der Lage sind, Dinge ins Positive zu drehen und zu verändern.

Das ist nicht schwierig. Es wird erst dann schwierig, wenn ich es in meinen Gedanken schwierig mache. Du musst an Dich glauben. Nur wenn Du an Dich glaubst, erreichst Du Deine Ziele und löst auf dem Weg dorthin die vielen Probleme, die sich Dir ganz sicher in den Weg stellen. Auch die Großen und Mächtigen auf diesem Planeten haben einmal klein angefangen und entwickelten sich zu Siegern. Genauso wie das Mädchen, das 1940 in den Südstaaten der USA zur Welt kam. Sie erkrankte während ihrer Kindheit an Scharlach, holte sich eine Lungenentzündung und litt unter Kinderlähmung. Bis zu ihrem zwölften Lebensjahr trug sie eine Beinstütze. Mit ihrer Mutter fuhr sie jede Woche mit dem Bus zum 80 Kilometer entfernten Arzt, doch der sagte zu ihnen immer wieder: „Das Mädchen wird nie wieder richtig laufen können." Sie glaubte nicht an die Aussagen des Arztes, sondern daran, dass sie eines Tages normal laufen kann. Viermal in der Woche massierte die Familie ihr krankes Bein, sie gaben nicht auf. Mit zwölf Jahren nahm das Mädchen ihre Beinstütze ab. Sie hatte das Gefühl, dass es den Beinen besser ging.

Sie fing an Basketball zu spielen und erhielt den Spitznamen „Die Mücke", weil sie sich so schnell bewegte. Sie holte alle die Sprünge und Schritte nach, die sie während der Kinderlähmung nicht machen konnte.

Zwischen den Spielzeiten entdeckte sie die Lust am Laufen und wurde ins Leichtathletik-Team der High School berufen. Sie trainierte und trainierte und lief und lief. Für Wilma Rudolph wird Laufen zur Befreiung, regelrecht zum Rausch. Bei den Olympischen Sommerspielen 1960 in Rom gewann sie drei Goldmedaillen und wurde aufgrund ihres leichtfüßigen Laufstils die „Schwarze Gazelle" genannt.

Ich bin dann auf die Idee gekommen, dass ich mein Leben selbst leben will, ich kann selbst denken. Ich habe gemerkt, dass ich die Gedanken und Vorstellungen der anderen lebte. Und das wollte ich nicht mehr. Damit war jetzt Schluss. Sei auch Du der Entscheider in Deinem Leben, gehe mutig und voller Selbstbewusstsein die neuen nächsten Schritte in Deinem Berufsleben. Mein Leben entwickelte sich durch viele wertvolle und schmerzhafte Aha-Erlebnisse weiter. Ich habe dabei erkannt, dass mein Leben davon abhängt, was ich denke. Mit anderen Worten

"Du bist, was du denkst!"

Ich habe also ein wenig Hirnaktivitäten in die Sache mit dem Denken investiert und dabei Folgendes herausgefunden: Mit unseren Gedanken fängt alles an. Alles, was Du in dieser Welt wahrnimmst, hast Du zuerst gedacht, dann gefühlt, in die Aktion gebracht und schließlich Ergebnisse erzielt. Es läuft alles auf den folgenden Satz heraus: Die Qualität Deiner Denkweise bestimmt die Qualität Deines Lebens. Egal ob Du mehr Selbstbewusstsein, Erfolg, Geld, Liebe, Zuneigung oder Anerkennung willst... Du musst Dich auf das konzentrieren, was SEIN soll. Was tust Du beim Entwickeln von Lösungen oder Strukturieren von Projektunterlagen? Du denkst. Wenn Du rennst, lachst, hüpfst und handelst....

Du denkst, wenn auch unterbewusst.

Kurz und knapp: Denken bedeutet **LEBEN!**

Mit dieser persönlichen Erkenntnis ist es Dir möglich, Dein Leben auf die Dinge auszurichten, die Du wirklich willst, liebst, nach denen Du Dich sehnst und was und wer wirklich Dein Herz berührt. Wenn Du eine exzellente Führungskraft werden willst und diese Vorstellung Dein Herz berührt, dann bist Du hier richtig.

Der Weg dorthin ist lang und steinig. Der Weg dorthin ist lang und steinig. Wir nehmen diese Steine beiseite und bauen daraus einen guten, festen Untergrund für Deinen Weg und dieser Weg ist absolut lohnenswert.

Schließlich sagte der weiseste Gott: „Ich weiß, was zu tun ist. Lasst uns die größte Kraft des Universums im Menschen selbst verstecken. Er wird niemals dort danach suchen, bevor er reif ist, den Weg nach innen zu gehen." Und so versteckten die Götter die größte Kraft des Universums im Menschen selbst, und dort liegt sie noch immer und wartet darauf, dass wir sie in Besitz nehmen und weisen Gebrauch davon machen.

Fangen wir an mit dem täglichen Blick in den Spiegel, mit der Selbstreflexion. Viele meiner Seminarteilnehmer haben mir gesagt: Ich weiß nicht was ich fühle, meine Frau erzählt mir, wie es mir geht. Diese Führungskräfte sind farbenblind für ihre eigenen Gefühle und merken rechts und links nicht, was mit anderen los ist. Denn eine wirksame Führungskraft fängt bei sich selbst an und hat den Ehrgeiz, noch besser, noch wirksamer zu werden. Du findest viele Tests im Netz, viele haben aber keine große Aussagekraft. Ich habe zu Beginn meiner Trainertätigkeit einen Hogan Persönlichkeitstest gemacht.

Der Test betrachtet die drei Facetten der Persönlichkeit: Potenziale, Risiken sowie persönliche Wertvorstellungen. Alle Verfahren basieren auf jahrzehntelanger Forschung und beziehen sich unter anderem auf das "Fünf Faktoren Modell" (FFM), welches als Referenzmodell in der Persönlichkeitspsychologie gilt. Wenn Du so einen Test mal machen willst, empfehle ich Dir gerne eine bekannte Trainerin und Expertin auf diesem Gebiet. Einfach eine Mail schreiben: welcome@holger-zander.com.

Die beiden Tests, die ich Dir vorstelle, sind von den Leadership-Experten T. Byham und R. Wellins. Sie helfen Dir, Deine Stärken und die Bereiche zu erkennen, an denen Du noch arbeiten solltest. Die wichtigste Eigenschaft einer Führungspersönlichkeit ist es, andere, also Deine Mitarbeiter, ins Handeln zu bringen. Mit dem Verhaltenstest findest Du heraus, ob Du soweit bist. Es gibt eine Zahlenreihe von eins bis fünf die anzeigt, wie stark Dein Verhalten als Führungskraft auf der linken oder auf der rechten Seite verankert ist.

Kreise die Zahl ein, die Dein Verhalten aktuell am besten repräsentiert, um damit Deinen Leadership-Index herauszufinden. Zum Schluss kreuzt Du rechts drei Kästchen an. Dadurch markierst Du die Bereiche, an denen Du unbedingt noch arbeiten willst.

Der zweite Test ist eine Bestandsaufnahme Deiner Erfolgsprofile. Ein Erfolgsprofil besteht aus den vier Komponenten Kenntnisse, Kompetenzen, Erfahrung und persönliche Eigenschaften.

Du testest Deine Kenntnisse, z.B. was Du über die Produkte und Dienstleistung Deiner Firma weißt. Bei den Kompetenzen stellst Du fest, ob Du Entscheidungen treffen oder coachen kannst, beim Erfolgsprofil Erfahrung kreuzt Du an, was Du unter anderem bereits gemacht hast und bei persönlichen Eigenschaften, findest Du heraus, ob Du zum Beispiel gute Lernfähigkeiten hast. Du schreibst ein S in jedes Kästchen, das Deine Stärken repräsentiert und ein E in jedes Kästchen, wo Du Entwicklungspotenzial siehst.

Nutze die Selbstreflexion, um Deinen Fortschritt festzuhalten. Du erhältst Klarheit über Deine nächsten Entwicklungsschritte und weißt, welche Emotionen Deine Leistungsfähigkeit untergraben. Du gibst Dir bereits selber Feedback, denn Feedback ist das Frühstück der Champions. Du findest die beiden Tests unter dem Support-Link am Anfang des Buches.

1.1 Die inneren Antreiber

Ich habe selbst viele Seminare und Fortbildungen besucht. Dabei hat mich ein Thema immer wieder beeindruckt und zum Nachdenken angeregt. Es sind unsere inneren Antreiber - diese Energie, die uns alle manchmal in den Wahnsinn treibt. Ich stelle Dir diese Glaubenssätze bzw. Botschaften kurz vor, denn sie haben meiner Erfahrung nach mehr Macht über Dich, als Du vielleicht denkst. Und nach dem Lesen dieses Unterkapitels weißt Du mehr über Dich, als wenn Du teures Geld beim Psychologen ausgeben würdet. Ich bin gespannt auf Dein Aha-Erlebnis, weil Du auf einmal erkennst, warum Du handelst, wie Du handelst. Innere Antreiber sind Überzeugungen, die wir während der Kindheit und Jugendzeit zu Hause oder in der Schule angenommen haben. Besonders in Stress und Belastungssituationen schalten wir oft auf Autopilot: unsere tief verwurzelten Muster nehmen überhand. Die inneren Antreiber sind sehr schwer zu ändern. Zum Glück repräsentieren sie auch die positiven Seiten in uns. Diese fünf Antreiber sind erforscht:

- **Sei stark!**
- **Sei perfekt!**
- **Mach es allen recht!**
- **Beeil dich!**
- **Streng dich an!**

Diese fünf typischen Antreiber haben uns dahin gebracht, wo wir heute stehen. Sie sind Teil unseres Verhaltens und unserer Persönlichkeit geworden. Im Grunde genommen repräsentieren sie positive Eigenschaften: Stärke und Unabhängigkeit, Genauigkeit und Fehlerlosigkeit, Freundlichkeit und Liebenswürdigkeit, Schnelligkeit und die Fähigkeit, Chancen zu nutzen, Gründlichkeit und Durchhaltevermögen. Grundsätzlich sind unsere inneren Antreiber positiv. Sie helfen uns, Dinge zu erreichen und stützen uns bei der Arbeit und Interaktion. Ein klares Erkennen und positives Arbeiten mit den inneren Antreibern kann uns helfen, entspannter und gelöster zu werden.

Unter Stress kann das Antreiberverhalten „entgleisen" und unsere Glaubenssätze erzeugen dann zusätzlichen Druck. Die Antreiber können so mächtig sein, dass sie zu negativem Verhalten gegenüber unseren Mitmenschen führen. Ein Verhalten, dass Führungspersönlichkeiten auf keinen Fall zeigen sollten. Damit sich die Antreiber nicht negativ in Beruf und Privatsphäre auswirken, sollte man sich mit ihnen ehrlich und selbstkritisch auseinandersetzen. Da Konflikte das tägliche, berufliche Miteinander prägen, folgt eine kurze Definition der inneren Antreiber.

Sei stark: Lass Dir den Stress nicht anmerken. Zeige keine Gefühle, das wird Dir sonst als Schwäche ausgelegt. Der Spruch "Ein Indianer kennt keinen Schmerz" passt zu diesem Antreiber. Aufgeben kommt nicht in Frage. Du schaffst immer alles zu jeder Zeit. Reiß Dich zusammen, denn Erfolge musst Du Dir hart erarbeiten. Menschen mit diesem Antreiber vermeiden Verwundbarkeit, Verletzlichkeit und Abhängigkeit von anderen. Das Positive daran ist, dass Du unabhängig bist, Du überstehst auch schwierige Situationen und kannst Mauern einreißen. Unter ihnen finden sich die Heldinnen und Helden des Alltags, denn sie haben ausreichend Widerstandskraft und Kampfgeist, um Projekte und Unmögliches voranzubringen.

Sei perfekt:
Menschen mit diesem Antreiber stehen unter dem Druck, alles gründlich zu machen. Du magst keine Schlamperei und machst keine Fehler. Perfektionismus ist Dein großes Ziel, mit höchster Qualität. Du musst immer besser werden, weil Du nie mit Dir zufrieden bist. Über eine fehlerfreie Leistung erhoffst Du, die Anerkennung zu erhalten, nach der Du Dich sehnst. Perfektionisten schämen sich, wenn sie bei Fehlern ertappt werden. Sie beziehen Fehler nicht auf ihr Verhalten, sondern auf ihre Person. Und dieses Gefühl der Scham wollen sie auf jeden Fall vermeiden. Zu diesem Verhalten passen ein ernster Blick und eine aufrechte und starre Körperhaltung, die ein angespanntes Körpergefühl

vermittelt. Dein Sinn für Genauigkeit und Qualität sorgt dafür, dass Abläufe und Prozesse sauber laufen. Es fällt Dir leicht, komplexe Zusammenhänge zu managen.

Mach es allen recht:
Menschen mit diesem Antreiber fühlen sich dafür verantwortlich, dass andere sich wohl fühlen. Du glaubst, nur dann bekommst Du die erhoffte Zuwendung. Du möchtest beliebt sein und hast nicht gelernt, „Nein" zu sagen. Kollegen oder Freunde empfinden Dich als unsicher, weil Du Deine eigenen Bedürfnisse und Wünsche nicht klar aussprechen kannst. Kennzeichnend für diesen Antriebstyp sind: Verantwortungsübernahme und Aufopferung (für andere), Verbindlichkeit, Bescheidenheit, Loyalität und Selbstlosigkeit. Eine echte Auseinandersetzung mit Dir fällt schwer: „Nagel mal einen Pudding an die Wand!" Auf der anderen Seite bist Du hilfsbereit, unterstützt andere Menschen und verfügst über eine hohe soziale Wahrnehmung. Du bist feinfühlig für Gruppenprozesse, soziale Stimmungen und Reaktionen.

Beeil Dich:
Du bist voller Dynamik und Hektik. Ruhiges und konzentriertes Arbeiten ist Dir kaum möglich. Du gönnst Dir keine Pause und machst mehrere Dinge gleichzeitig. Ruhe und Entspannung empfindest Du als verschwendete Zeit. Du hast Angst, das Leben zerrinnt

oder eine Gelegenheit geht vorbei. Du verwendest Begriffe wie „schnell ... eben mal ... kurz ... vorankommen!" Andere Menschen empfinden Dich als Hektiker. Deine Sprechweise ist abgehakt und geprägt von flachen Reden ohne Punkt und Komma. Das Positive daran ist, dass Du aufgrund Deiner Dynamik schnell Chancen ergreifst, während andere noch zögern. Du kannst lange Zeit auf hohem Niveau leistungsfähig arbeiten und hast sogar Lust darauf. Solche Menschen wünscht man sich auf der Notfallstation im Krankenhaus oder bei Crashs im EDV-System.

Streng Dich an:
Du stehst permanent unter Leistungsdruck, pflichtbewusst, fleißig und immer im Einsatz. Nur wer sich abrackert, kann richtig gut sein. Erfolg ist schwer, denn von nichts kommt nichts. Daher bemühst Du Dich ständig und erwartest dies auch von anderen. Du lebst in ständiger Angst, dass andere besser sein könnten und machst Dinge komplizierter als notwendig. Ständig fühlst Du Dich von ernsten Problemen, Schwierigkeiten oder Krisen bedroht. Du befürchtest, dass andere besser sein könnten, und versuchst, dem durch noch mehr Anstrengung entgegenzuwirken. Improvisieren ist nicht Dein Ding. Dein Leben baut sich nach dem Motto auf: Ich mühe mich, also bin ich. Auf der anderen Seite bist Du da, wenn es darauf ankommt. Freunde und Kollegen können sich auf Dich verlassen. Du gibst nicht gleich auf, wenn es mal schwierig wird, Du hast ein großes

Durchhaltevermögen und arbeitest gründlich.

Nimm Dir die Zeit und höre in Dich hinein. Somit besteht die Chance, Deine leisen und subtilen Bedürfnisse und Bestrebungen zu registrieren. Mach Dir bewusst, mit welchen Einstellungen Du an die Aufgaben einer Führungsposition herangehst und was Dich von innen herbegleitet und steuert. Umso leichter fällt es Dir, Dich selbst dabei zu führen und zu den Erwartungen von außen Stellung zu beziehen. Die Erwartungen an Dich sind die einzigen, die Du verändern kannst. Es liegt an Dir, wie hoch Du die Messlatte für Deinen Erfolg legst.

Hier noch ein Auszug, der angeblich von Schriftsteller Charles Reade stammt:

„Achte auf Deine Gedanken, denn sie werden Worte.
Achte auf Deine Worte, denn sie werden Handlungen.
Achte auf Deine Handlungen, denn sie werden Gewohnheiten.
Achte auf Deine Gewohnheiten, denn sie werden Dein Charakter.
Achte auf Deinen Charakter, denn er wird Dein Schicksal."

Über 60.000 Gedanken denken wir jeden Tag. Dabei sind gerade einmal drei bis fünf Prozent der Gedanken positiv, wohlwollend und inspirierend für uns. Ein Drittel dieser 60.000 Gedanken sind neutral. Sie nützen und nichts und sind auch nicht schädlich. Die restlichen Gedanken sind für uns negativ, abwertend und können sogar unsere Gesundheit und Weiterentwicklung beeinflussen. Geprägt durch unser Wirtschafts- und Schulsystem sowie unserer Erziehung, haben wir gelernt, Fehler zu vermeiden, immer mehr zu leisten und als Teil der Gesellschaft eine Rolle wahrzunehmen. Was ich damit sagen will: Gehe bewusst und achtsam mit Deinen Gedanken um und glaube nicht alles was Du denkst. Alles was Du heute bist, ist das Resultat Deiner Gedanken und Deines Verhaltens aus der Vergangenheit. Demnach ist alles, was Du morgen sein wirst, das Resultat dessen, was Du heute denkst. Ich habe nie jemanden getroffen, der mit negativen Gedanken erfolgreich und selbstbestimmt sein Leben führt.

Einen Test zur Selbsteinschätzung Deiner inneren Antreiber findest Du QR-Code im Support auf den ersten Seiten. Beantworte die Fragen (nach Kälin, Karl; Müri, Peter: Sich und andere führen. Psychologie für Führungskräfte, Mitarbeiterinnen und Mitarbeiter. Thun 2000) bitte so ehrlich und spontan wie möglich.

2: Sei gesprächsbereit und somit erfolgreich

"Es gibt keine erfolgreiche Führung ohne Kommunikation und umgekehrt. Sie sind wie siamesische Zwillinge."
Holger Zander

Ich habe gehört, im Wald herrscht große Unruhe. Es geht das Gerücht um, der Bär habe eine Todesliste. Alle fragen sich, wer auf dieser Todesliste steht. Als erster nimmt der Hirsch seinen Mut zusammen und fragt den Bären:

„Sag mal, Bär, stehe ich auf deiner Todesliste?"

„Ja", sagt der Bär, „dein Name steht auf der Liste." Und wirklich, nach zwei Tagen wird der Hirsch tot aufgefunden. Die Angst unter den Waldbewohnern steigt und sie fragen sich, wer wohl noch auf der Liste steht. Der Keiler traut sich, geht zum Bären und fragt: „Sag mal, stehe ich auf deiner Todesliste?" Ja", sagt der Bär, „auch dein Name steht auf der Liste." Und wirklich, nach zwei Tagen wird der Keiler tot aufgefunden.

Nun bricht unter den Waldbewohnern Panik aus, doch nur der Hase traut sich noch, den Bären zu besuchen und fragt: „Sag mal, Bär stehe ich auch auf deiner Liste?"

„Ja", sagt der Bär, „auch du stehst auf der Liste."
Fragt der Hase: "Kannst du mich da streichen?"

Antwortet der Bär: "Ja klar, kein Problem."

Diese Geschichte zeigt besser als jede wissenschaftliche Untersuchung, wie existenziell Kommunikation für uns alle ist. Ich erlebe das jeden Tag: Die meisten Probleme zwischen Menschen basieren auf Missverständnissen in der Kommunikation. Weil Dinge verschwiegen werden, weil zu viel geredet wird, weil das Falsche gesagt wird, weil der Andere es falsch versteht, weil der Eine meint, er hätte dies gesagt, aber der Andere jenes versteht. Oder weil es nur Hirsche und Keiler gibt und keine Hasen. Niemand stellt die klugen, die richtigen Fragen, sondern nur die naheliegenden.

Die Mitarbeiter sind das größte Kapital im Unternehmen: Warum um alles in der Welt kommunizieren so viele Führungskräfte mit ihren Mitarbeitern derart oberflächlich, mangelhaft und unregelmäßig? Ich habe mich mit dieser Frage viele Jahre beschäftigt. Und für mich steht fest: Kommunizierst Du offen, wertschätzend und authentisch, wirst Du als junge Führungskraft im Business und privat erfolgreich sein. Denn offen und wertschätzend Kommunizieren ist für junge Führungskräfte die Voraussetzung dafür, die hochkomplexen Aufgaben in der Arbeitswelt in immer kürzerer Zeit zu bewältigen. Führungsjobs setzen Kompetenzen, Fähigkeiten und eine Bandbreite von Wissen voraus. Allerdings wird es in Zukunft neben dieser Fachkompetenz auf Deine soziale Intelligenz ankommen, also wie Du durch Kommunikation und schnelles Handeln tragfähige Beziehungen zu Fremden, zu Deinen Mitarbeitern aufbaust und wie stark Deine emotionale Intelligenz ausgeprägt ist, wie Empathie, Verantwortungsbewusstsein, Mut, Ehrlichkeit und Bescheidenheit.

Du willst wissen, wie Du Deine soziale und emotionale Intelligenz verbesserst und Botschaften so kommunizierst, dass Kollegen, Freunde und Mitarbeiter dich besser verstehen? Mach Dir nichts vor. So einfach ist das nicht. Wir leben in einer Zeit, in der wir jeden Tag tausend Botschaften verarbeiten müssen. Viele Menschen lesen nur noch Schlagzeilen oder ungefilterte Informationen auf Facebook. Daher wird es immer wichtiger, die Botschaften auf den Punkt zu bringen, wie die zehn Gebote in der Bibel. Sie umfassen 279 Wörter, die amerikanische Unabhängigkeitserklärung besteht aus 300 Wörtern. Die EU-Verordnung über den Import von Karamellbonbons besteht aus 25.911 Wörtern. Was glaubt Ihr, was bei den Menschen wohl hängen bleibt? Genau. Keiner hat mehr Zeit und Lust, sich das ganze Gesülze anzuhören.

Dort, wo nichts gesagt wird, wird sich immer etwas ausgedacht. Damit sich in Deinem Team keine Gerüchte oder Halbwahrheiten verankern, ist es wichtig, Deine Kommunikationsfähigkeiten zu fördern. Die Menschen vertrauen Dir viel eher, wenn sie über Deine Vorstellungen und Ziele Bescheid wissen. Eine wirksame Führungskraft steckt nicht mehr in der Rolle des Problemlösers, Hauptakteurs oder Entscheidungsträgers fest. Es geht weit darüber hinaus.

Meine Erkenntnisse aus über 25 Jahren Erfahrung mit Vorständen und Geschäftsführern haben gezeigt, dass eine emotionale Wirkung auf Mitarbeiter nur über die Rolle als Coach, Ratgeber und Unterstützer funktioniert. In diesen Rollen führst Du die besten Gespräche und zwar regelmäßig, klar, authentisch und gelegentlich schwierig. Sie geben den Mitarbeitern das Gefühl von Verständnis und Wertschätzung. Führung ist nicht mehr so einfach wie vor 20 Jahren. Einer sagte, was gemacht werden soll und die Anderen haben - es ohne zu fragen oder zu denken - einfach getan. Natürlich gibt es diese Art von Führungskultur heute immer noch in vielen Unternehmen.

Ich wünsche mir von Dir, dass Du Verantwortung übernimmst, nicht um an Status und Titel zu kommen. Du bist eine Führungspersönlichkeit, weil Du Deine Mitarbeiter befähigen sollst, zum Beispiel selbstverantwortlich, unternehmerisch und kreativ zu handeln. Als Führungskraft bedienst Du mehrere Rollen, wie Coach, Mentor, Wegbegleiter, Zuhörer, Leader usw. Die wichtigste Funktion dabei ist die des Kommunikators. In diesem Kapitel verbessern wir Deine Gesprächskompetenz. Nur wenn Du mit Deinen Mitarbeitern sprichst, kennst Du die Stärken und Schwächen und kannst Dein Team entsprechend fordern und fördern. Eine gute Gesprächsführung hat ein Ziel:

Die persönlichen Bedürfnisse Deiner Mitarbeiter im Job zu erkennen, um das Beste von Ihnen zum Vorschein zu bringen. Glaube mir, beachtest Du die fünf Elemente der Gesprächsführung, dann wird Dein Team für Dich durchs Feuer gehen: Das erste Element ist

Wertschätzung: Akzeptiere den Anderen so wie er ist und sein Selbstwertgefühl wird wachsen. Das ist kein Problem, wenn Dir jemand sympathisch ist. Bei Menschen, die auf einer anderen Frequenz senden wird es sich zeigen, ob Du sie ebenbürtig anerkennst und mit ihnen auf Augenhöhe kommunizierst.

Es gibt immer Menschen, die uns reizen. Mach Dir bewusst, dass jeder Mensch einzigartig ist und sein eigenes Potenzial in sich trägt. Fördere die Kompetenz jedes Einzelnen. Nimm das Anderssein an und setze es gezielt ein. Somit nutzt und förderst Du die Unterschiede, statt die Mitarbeiter in Ihrem Können zu uniformieren.

Empathie: Sich in die Gefühlswelt des Gegenübers hineinzuversetzen ist ein enorm wichtiges Instrument moderner Führung. Aufrichtiges Interesse und Neugierde für Menschen sind die Voraussetzungen für Empathie. Ist sie nur gespielt oder aufgesetzt, spürt Dein Gegenüber das sofort. Empathie bedeutet nicht, gefühlsduselig mit allem einverstanden, sondern fähig zu sein, sich auf den Mitarbeiter ohne Vorurteile einzulassen. Wer die Bedürfnisse seiner Mitarbeiter kennt, der kann sie leichter motivieren, weil er weiß, was sie antreibt. Zuhören ist eine wichtige Voraussetzung für Empathie. Und ich meine damit nicht, "Hmm" sagen und mit ein paar Mal Nicken den anderen spiegeln. Denk doch mal darüber nach, wie viel Zeit Du damit verbracht hast, sprechen, lesen und schreiben zu lernen. Aber was ist mit dem Zuhören? Hast Du auch gelernt, richtig zuzuhören, so dass Du den anderen wirklich verstehen kannst? Warum haben wir wohl zwei Ohren und nur eine Zunge? Zudem verrät Deine Mimik gnadenlos in Millisekunden Dein Desinteresse, genauso wie der schnelle Blick aufs Handy. Fokussiere Dich beim Zuhören auf die Schilderungen und Argumente und stelle aktiv Rückfragen. Das zeigt Interesse und vermittelt Wertschätzung.

Beteiligung: Beteilige Dein Team bei der Lösung von Problemen und bitte Deine Mitarbeiter um Input. Bitte Dein Team bei Projekten um Unterstützung, es ist ein Zeichen der Stärke, nicht der Schwäche.

Mitteilen: Teile Gedanke, Gefühle und Überlegungen mit Deinem Team. So baust du Vertrauen auf.

Unterstützung: Im Fokus steht Dein Team, es in seiner Entwicklung zu unterstützen ohne Verantwortung wegzunehmen.

Wertschätzend zu kommunizieren ist eine innere Haltung. Ganz schlicht gesagt, wir gehen davon aus, dass unser Gegenüber ein guter Mensch ist. Vielleicht gibt es Eigenschaften an ihm, mit denen wir nicht so gut zurechtkommen, aber das mindert nicht den Wert des Menschen an sich. Mit Wertschätzung steigerst oder erhöhst Du das Selbstwertgefühl Deines Mitarbeiters. Das ist das wertvollste Geschenk, das Du Deinen Mitarbeitern im Unternehmen machen kannst.

Es gibt über hunderte Studien, unzählige Fachartikel und fast 100 Bücher über den Einfluss von Selbstwertgefühl auf die Arbeitsleistung. Das übergeordnete Ergebnis zeigt eine hohe Zufriedenheit und Engagement, hohe Qualität der Arbeit und bessere Laune am Arbeitsplatz.

Stell Dir vor, jeder Deiner Mitarbeiter oder auch Du selbst hat ein hohes Selbstwertgefühl. Dein Team kommt jeden Morgen mit breiter Brust, zufrieden, hocheffizient und motiviert bis in die Haarspitzen zur Arbeit. Du glaubst das funktioniert nicht? Ich habe folgendes Beispiel, um das Selbstwertgefühl anderer nicht zu zerstören: Ein Kollege kommt immer wieder zu spät. Wertschätzende Kommunikation geht so. Du sagst: "Normalerweise sind Sie immer pünktlich, nur in den vergangenen Wochen kamen Sie oft zu spät zu den Meetings. Was hat denn die Verspätung verursacht?" Du weißt vielleicht noch nicht, was hinter der Verspätung steckt.

Wo das Problem liegt. Mit der Frage am Schluss gibst Du ihm die Chance, dass er sich erklärt. Mit dem üblichen Kommentar „Haben Sie ein Problem mit Pünktlichkeit?" und das noch vor anderen Kollegen, zerschlägst Du Selbstwertgefühl wie Porzellan mit einem Dampfhammer.

Konzentriere Dich also auf die Fakten, nicht auf die Person. Respektiere und unterstütze andere, indem Du sie nicht mit einem Etikett abstempelst: Die sind sowieso zu faul, schaffen nichts, der ist unhöflich etc. Nimm Deinen gegenüber als Person, als Mensch wahr und behandle ihn mit Respekt. Respekt ist kein Privileg, sondern die einfache Form mit Menschen umzugehen.

Kommen wir noch mal zum Beispiel mit der Pünktlichkeit. Das Motiv, warum der Kollege zu spät kommt klärst Du, indem Du clevere, offene Fragen stellst: "Was, denken Sie, hat die Verspätung verursacht?" Eine offene Frage hilft, Motive zu ergründen. Was offene Fragen sind und wie Du sie einsetzen kannst, findest Du im Kapitel "Konflikte reden" heraus.

Um das Selbstwertgefühl Deiner Mitarbeiter zu erhöhen, gebe Ich Dir folgende Tipps:

- Gute Gedanken und Ideen der Mitarbeiter anerkennen
- Verdienste entsprechend würdigen
- Vertrauen ausdrücken und zeigen
- Aufrichtig Komplimente geben und loben, ist kein Zeichen von Schwäche. Ganz im Gegenteil. Du lässt den Anderen wissen, dass er zum Erfolg beigetragen hat.

=> Dieses Verhalten macht Dich zu einem wirkungsvollen Manager.

Empathie ist die Fähigkeit, sich treffsicher in die Gefühlswelt anderer Menschen hineinzuversetzen. Menschen mit großer Empathie spüren und deuten die Gestik, Mimik, Körperhaltung und den Tonfall ihrer Gesprächspartner instinktiv. Sie entwickeln ein Gefühl dafür, den Anderen entsprechend einzuschätzen.

Zunächst gilt es zu beachten: Empathie ist nicht das Gleiche wie Zustimmung, sondern ein Statement, das zeigt, dass Du den Anderen verstehst, aber nicht zugleich auch zustimmst. Eine Phrase, wie „Ich weiß, wie Sie sich fühlen" zu verwenden klingt zunächst mitfühlend, bedeutet im Grunde aber nichts. Ich definiere Empathie anders: Es ist eine Kombination aus Zuhören und verständnisvollem Antworten. In einer emotional aufgeladenen Situation empathisch zuzuhören und zu antworten, reduziert die Spannung sofort.

Emotionen am Arbeitsplatz sind normal und alltäglich und machen Menschen nervös und unsicher. Und es bringt doch gar nichts, einem emotional aufgewühlten Mitarbeiter zu sagen, er solle nicht so gefühlsduselig sein. Hier eine kurze Anleitung, wie Du vorgehen kannst:

Indem Du die Gefühle des Mitarbeiters mit eigenen Worten beschreibst, erkennt Dein Gegenüber, dass Du seine Gefühle verstehst. Dadurch zeigst Du Empathie. Und nun stellst Du eine Frage über die Situation.

Hier ein Beispiel: Der Mitarbeiter sagt: "Ich musste mal wieder Überstunden machen, weil ich die Präsentation für den Chef fertig stellen musste." Du antwortest: „Ich denke, Sie haben Angst, die Präsentation nicht rechtzeitig fertig zu stellen und stehen unter enormen Druck. (Empathie). Und deswegen möchte ich mit Ihnen sprechen. Wir brauchen Ihr Fachwissen, um das Projekt fertig zu stellen. Was brauchen Sie, um rechtzeitig fertig zu werden?"

So schaffst Du es, zuzuhören und empathisch zu antworten. Hier noch ein Beispiel, wie Du Fakten und Gefühle voneinander trennst, um empathisch zu antworten. Das baut eine vertrauliche Beziehung auf. Dein Mitarbeiter hat eine sehr gute Präsentation vor einem Kunden gehalten. Deine Antwort darauf:

„Ihre Augen strahlen und Sie lächeln. Meinen herzlichen Glückwunsch, Sie müssen zufrieden sein (Gefühl). Die Präsentation ist super gelaufen (Fakten). Ich bin zuversichtlich, dass wir den Auftrag erhalten (Selbstwertgefühl gesteigert)."

Du hörst mit Empathie zu, verstehst Andere und bist offen für ihre Gedanken, Gefühle und Erfahrungen => Das ist der Schlüssel zu einem offenen Gespräch und wirksamer Kommunikation. Insbesondere für junge Führungskräfte zählen die Gesprächselemente Wertschätzung, Empathie sowie Unterstützung und Beteiligung zu den mächtigsten Skills, die sie in der Führungs-Kommunikation einsetzen können. Beachte diese Elemente und Du wirst eine wirkungsvolle Führungspersönlichkeit sein.

3: Feedback: Das Frühstück der Champions

"Jeder Mensch geht dort weg, wo er sich nicht wahrgenommen fühlt. Dort wo er sein kann wie er ist, wird er bleiben." **Unbekannt**

Stell Dir bitte vor, alle Deine Sinnesorgane fallen für einen Moment aus. Du kannst nur noch eingeschränkt hören und sehen, riechen, schmecken und tasten. Was wäre die unmittelbare Konsequenz? Du bist orientierungslos und Du bist hilflos. Etwas Ähnliches passiert vielen Menschen jeden Tag in unseren Unternehmen. Fast niemand erhält ausreichend qualifiziertes Feedback, weder Mitarbeiter noch Führungskräfte. Ein Mangel an Feedback ist gleichbedeutend mit Orientierungslosigkeit. Mein Ziel ist es, dass Du am Ende dieses Chapters in der Lage bist, wertschätzendes Feedback zu geben und dass Du in Deinem Team eine starke Feedbackkultur aufbaust.

Wer keine Rückmeldung zum eigenen, täglichen Handeln erhält, der weiß nicht, wo er steht, wo er gezielt hingehen soll und kommt, wenn überhaupt, per Zufall dort an, wo er sein möchte. Er braucht einen Kompass, der die Richtung anzeigt. Ich habe in meinen Seminaren immer wieder die Erfahrung gemacht, dass die Führungskräfte weder Feedback erhalten noch welches geben. Die traurige Wahrheit ist, sie können es nicht, es ist ihnen peinlich oder sie wollen nicht für ihre Handlungen kritisiert werden. Die Konsequenz ist ein täglicher Blindflug und damit Stagnation in Deinem Team und der Firma.

Schauen wir auf die **Definition** laut Wikipedia:

"Feedback ist eine offene Rückmeldung an eine Person oder an eine Gruppe, wie ihr Verhalten von anderen wahrgenommen und gedeutet wird. Die regelmäßige Anwendung der Feedback-Technik schafft mehr Offenheit und Klarheit in Beziehungen und kann damit zu einer verbesserten Kommunikation im Lern- und Arbeitsalltag verhelfen."

Das kann sich doch keiner merken. Deshalb habe ich es auf den Punkt gebracht. Feedback ist das Frühstück der Champions. Was meine ich damit: Ein Champion hat in erster Linie Erfolg. Und Erfolg basiert unter anderem auf ehrlichem Feedback und der Fähigkeit, damit differenziert umzugehen. Du bist ein Champion. Um als Champion erfolgreich zu sein, brauchst Du Mut und Demut zugleich. Mutig, um Feedback zu geben und Demut, um es ohne Rechtfertigung anzunehmen. Durchdenke das Feedback, löse damit Probleme und wachse schließlich daran.

Feedback ist ein Geschenk. Und Du solltest so viele Geschenke machen, als ob jeden Tag Weihnachten wäre. Feedback ist die Voraussetzung für Reflexion. Reflexion ist der Motor für positive Entwicklung. Positive Entwicklung bedeutet mehr Engagement, Zufriedenheit und Leistung bei den Mitarbeitern. Hört sich doch gut an. Und dennoch fällt es uns sehr schwer, wertschätzendes Feedback zu geben bzw. es anzunehmen. Im Kern braucht jeder Mensch Rückmeldung von seiner Umwelt. Erst durch die Rückmeldung der anderen Menschen erkennt er, wer er ist und wo er steht.

Wer im Leben zu wenig oder gar kein Feedback bekommt, verkümmert seelisch. Wissenschaftliche Untersuchungen haben ergeben, dass von der Welt abgeschottete Kleinkinder durch den Mangel an Rückmeldung schwer geschädigt werden oder sogar zugrunde gehen können. Im Klartext bedeutet das, damit Deine Mitarbeiter nicht zugrunde gehen, gebe ihnen Feedback. Oder andersherum: Jeder Mitarbeiter hat gegenüber seinem Chef den legitimen Anspruch auf Feedback. Wenn Du diesen Grundsatz verstanden hast, dann werden die Ergebnisse Deines Teams durch die Decke gehen.

Viele junge Führungskräfte haben aber schlichtweg Angst, Feedback zu geben. Die Angst, den Mitarbeiter ungerechtfertigt zu kritisieren lähmt viele Chef. Sie sprechen somit das Problem am besten gar nicht erst an und schweigen lieber. Dadurch entstehen wieder Konflikte, die Dein Team zerstören können. Zugleich schleicht sich beim Mitarbeiter ein unangenehmes Gefühl ein, wenn es darum geht, mit dem Chef ein Feedbackgespräch zu führen. Wir glauben in der Regel, unser Ansehen sei in Gefahr und unser Selbstwertgefühl sei bedroht. Wir wollen nur gelobt, aber nicht beurteilt werden.

Ich habe viele Ausreden gehört, warum Geschäftsführer und Vorstände kein Feedback geben:

- Was soll dabei schon herauskommen?
- Was soll ich denn noch alles machen?
- Was soll der andere denken, wenn ich damit nun anfange?
- Ich will mich nicht blamieren!
- Das könnte den anderen ja demotivieren!
- Ich muss mich erst gut vorbereiten!

Dabei gibt es viele gute Gründe für Feedback:

- Wir räumen Missverständnisse aus dem Weg

- Wir können die Wirkung unseres Verhaltens auf andere besser einschätzen. Oft weicht die Fremdeinschätzung vom eigenen Eindruck ab
- Wir erkennen, worauf es bei einer guten Zusammenarbeit ankommt
- Wir sprechen uns aus und tragen Kritik am anderen nicht mit uns herum
- Wir erkennen, dass wir Erwartungen beim anderen möglicherweise korrigieren müssen
- Die Kommunikation wird entspannter und offener

Du siehst, wertschätzendes Feedback dient der Orientierung im täglichen Arbeitsdschungel und der besseren Einschätzung von Fremdwahrnehmung und Selbstwahrnehmung. Hier ein Tipp: Betrachte die Summe der vielen Rückmeldungen wie eine Fortbildung. Sie schafft Orientierung und ermöglicht es Dir und Deinen Mitarbeitern, sich weiterzuentwickeln.

Feedback ist vor allem eine offene Rückmeldung, eine zentrale Informationsquelle. Im Kern der Rückmeldung geht es nicht um die Persönlichkeit, sondern nur um das äußere Erscheinungsbild und die Verhaltensweisen, die auf Dich wirken. Das muss Dir bewusst sein. Stell Dir vor, ein Kollege gibt Dir nach ein paar Wochen im neuen Job ein kurzes Feedback zu Deinem Führungsverhalten.

Mit Hilfe dieser Rückmeldung erfährst Du aus erster Quelle, wie Du auf andere wirkst. Dadurch entsteht ein Aha-Erlebnis, weil Du die Reaktionen der anderen Dir selbst gegenüber besser verstehst. Und jetzt denkst Du über diese Information nach, verinnerlichst diese und Du bist in der Lage, Dein Verhalten zu ändern bzw. anzupassen. Feedback verhilft so oft zu einem überraschenden und klärenden Perspektivwechsel. Daher ist es dumm, auf Feedback zu verzichten.

Jetzt lüfte ich das Geheimnis, wie Du wertschätzendes Feedback gibst, ohne dabei teure Seminare zu besuchen oder Fachliteratur zu wälzen. So sieht die Vorbereitung aus: Zunächst sammelst Du Fakten und Beispiele. Diese Beobachtungen bewertest Du danach, ob es Lob oder Kritik gibt. Beachte dabei auch, dass Du das Feedback rechtzeitig gibst und nicht erst vier Wochen nach Deiner Beobachtung.

Zunächst nimmst Du eine positive Haltung ein. Hast du einen schlechten Tag oder viele Termine, dann sind die Voraussetzungen schlecht, um einem Kollegen eine wertschätzende Rückmeldung zu geben. Egal, ob Lob oder Kritik. Du bist nicht im Hier und Jetzt, und schon gar nicht positiv fokussiert.

Das kann nur schief gehen. Schreibe keine E-Mail, sondern sprich Deinen Mitarbeiter persönlich an. "Ich möchte mit Ihnen gerne den bisherigen Verlauf des von Ihnen betreuten Projekts besprechen." Am besten führst Du das Gespräch nicht in Deinem Büro, sondern im Besprechungsraum, also auf neutralem Boden. Es kommt nicht so sehr darauf an, was Du sagst, sondern wie Du es sagst.

Die wichtigste Regel beim wertschätzenden Feedback lautet: Achte auf den Dreiklang
Wahrnehmung, Wirkung, Wunsch.

Starten wir mit der **Wahrnehmung**. Du hast also eine konkrete Beobachtung gemacht. Was hast Du genau gesehen? Zum Beispiel, dass Dein Verkäufer die Kunden nicht ausreden lässt. Nun teilst Du Deinem Verkäufer mit, was Du bemerkt hast. Stell Dir vor, Du bist eine Kamera, die eine objektive Beobachtung aufgenommen hat. Du sagst: „Ich habe beobachtet, dass...." "Ich habe wahrgenommen, dass..."

Beispiel: Ich habe beobachtet, dass Sie die Kunden nicht aussprechen lassen.

Mit dem zweiten W, der **Wirkung**, sprichst Du Deine Gefühle an, Dein Empfinden. Wie wirkt das auf Dich, was Du beobachtest hast, was löst das in Dir aus, dass Dein Verkäufer die Kunden nicht aussprechen lässt? Und Du kommunizierst Deine Gefühle in einer Ich-Botschaft. „Das löst bei mir Bedenken aus", oder Du kannst auch sagen: „Was mir gefällt an Ihnen ist xy", „Was ich schätze an Ihnen ist …."

Oder, wenn Du etwas Kritisches anmerken willst: „Was mich stört dabei ist" oder „Mir fehlt an Ihnen dieses oder jenes…."

Beispiel: Ich habe beobachtet, dass Sie die Kunden nicht aussprechen lassen (Wahrnehmung). Das wirkt auf mich, als ob Sie die sieben Schritte des Verkaufs nicht kennen (Wirkung).

Der dritte Schritt des wertschätzenden Feedbacks ist ein konkreter **Wunsch** an Dein Gegenüber. Du überlegst, welche Alternativen es gibt, was der Kollege braucht, um sich zu verbessern. Du sagst: „Ich wünsche mir von Ihnen …" oder „Mein Vorschlag dazu ist…".
Weitere Satzbeispiele:

- "Ich erwarte, dass Sie …"
- "Ich wünsche mir von Ihnen …"
- "Meine Bitte an Sie ist, …"

- "Meine Konsequenz ist daher… "
- "Meine Frage an Sie ist …"
- "Meine Entscheidung lautet daher, …"

Somit gibst Du Deinem Mitarbeiter gleich einen Verbesserungswunsch mit, eine Informationsfrage, oder die Mitteilung einer getroffenen Entscheidung.

Beispiel: Ich habe beobachtet, dass Sie die Kunden nicht aussprechen lassen (Wahrnehmung). Das wirkt auf mich, als wenn sie die sieben Schritte des Verkaufs nicht kennen (Wirkung). Ich wünsche mir von Ihnen mehr Empathie und bitte Sie, den Onlinekurs "Verkaufen" noch einmal durchzuarbeiten (Wunsch).

Viele Führungskräfte überspringen die ersten beiden Schritte und konfrontieren ihr Gegenüber gleich mit ihren Wünschen und Erwartungen. Zum Beispiel: "Sie lernen jetzt nochmal die sieben Schritte des Verkaufs, damit sie professioneller werden." Der Mitarbeiter kann nicht nachvollziehen, warum der Chef zu dieser Forderung gekommen ist. Folge immer der Dreiklang-Regel, so bist Du auf der wertschätzenden und sicheren Seite.

Mein Tipp: Übe regelmäßig die drei Schritte zuhause mit Freunden oder der Familie, so dass Du den Dreiklang im Schlaf beherrschst. In der Grafik auf der folgenden Seite habe ich Dir den Feedback-Prozess oder besser den Dreiklang übersichtlich dargestellt.

Exkurs: Ich- und Du-Botschaften

Warum ist es notwendig, Feedback in der so genannten Ich-Botschaft zu formulieren? Kommunikation verläuft insbesondere im Feedbackgespräch nicht immer konfliktfrei ab. Ich-Botschaften sind ein wirksames Tool, um den Dialog in die richtigen Bahnen zu lenken.

Leider können wir nur selten mit Ablehnung und Ärger umgehen. Wir reagieren oft aggressiv und teilen verbal gegen unseren Ansprechpartner aus. Stell Dir vor, ich habe Dir etwas Privates erzählt. Ich habe zwar nicht ausdrücklich gesagt, dass Du das für Dich behalten sollst, habe es jedoch stillschweigend vorausgesetzt. Wir kennen uns schon sehr lange und unternehmen als Kollegen auch privat viel zusammen. Nun habe ich erfahren, dass Du Kollegen von unserem Gespräch erzählt hast. Ich sage zu Dir:

Formulierung 1: „Immer musst Du alles weitertratschen. Ich kann Dir nichts mehr anvertrauen. Denk doch erstmal nach, bevor Du etwas weitererzählst. Du bist eine echte Plaudertasche."
Das wirkt aggressiv, und der Freund fühlt sich bestimmt angegriffen und die Defensive gedrängt.

Formulierung 2: „Ich habe mitbekommen, dass Du mit den Kollegen über unser vertrauliches Gespräch geredet hast. Mir ist das sehr peinlich und unangenehm, dass die das jetzt wissen. Wie stehe ich denn jetzt da?"
Hier erläuterst Du Dein Empfinden.

Wir wirken die beiden Aussagen auf Dich?

Das erste Beispiel habe ich in einer Du-Botschaft formuliert. Sie greift den Kollegen an und gibt ihm die Schuld. Diese Botschaften beginnen häufig mit Du oder Sie. Es ist wie der ausgestreckte Zeigefinger eines Lehrers, der sagt: Du schon wieder, setzen. Du-Botschaften stellen das Fehlverhalten des Anderen in den Fokus und lösen Widerwillen und Widerstand aus. Sie enthalten oft versteckte Vorwürfe. Sie attackieren direkt die Persönlichkeit und bestimmte Charaktereigenschaften. Sie bringen Dein Gegenüber in Bedrängnis. Er will sich sofort rechtfertigen, sich zur Wehr setzen. Er empfindet Schuld und Ärger. Das führt zu Streit und Konflikten.

Im zweiten Beispiel stelle ich meine eigene Wahrnehmung in den Mittelpunkt. Ich beschreibe die persönliche Sichtweise und die eigenen Gefühle. Es hat mich geärgert, dass Du das weitererzählt hast. Die Wirkung ist sehr unterschiedlich. Ich-Botschaften lösen in der Regel Betroffenheit aus. Der Kollege denkt über sein Verhalten nach und ist eher zu einer Klärung oder zu einer Entschuldigung bereit. Mit Ich-Botschaften transportierst Du klarer und einfacher Deine eigenen Gefühle. Du vermittelst, welches Verhalten und welche Äußerung zu dem Konflikt geführt haben.

Ich-Botschaften haben gleich mehrere Vorteile: Sie beinhalten keine negativen Elemente, Vorwürfe oder Belehrungen. Sie reichen dem Anderen die Hand, denn sie stellen keinen Angriff da. Ich-Botschaften sind nicht auf Konfrontation, sondern auf Kommunikation ausgerichtet.

Du als Feedback-Geber und -Nehmer

Schauen wir kurz auf Dich als High-Potential. Du stehst beim Feedback-Geben vor der Aufgabe, Dich so klar wie möglich auszudrücken. Und das nicht nur über die Sprache. Auch Mimik, Gestik und Deine Verhaltensweisen hinterlassen beim Feedback-Nehmer einen Eindruck. Vergiss das nicht. Feedback geben erfordert eine Menge Training und eine große Portion Empathie. Hier ein paar Tipps für Dich als Feedbackgeber:

Beschreiben, nicht bewerten
Du beschreibst als Feedback-Geber nur Deine persönlichen Wahrnehmungen und Beobachtungen, sowie Empfindungen, Überlegungen und Gefühle. Du machst keine Beschuldigungen, Bewertungen und moralisierst nicht.
Beispiel: Nicht "Sie sagen doch nie etwas." Sondern: "Sie haben bisher geschwiegen. Ich würde auch gern Ihre Meinung hören." Somit verhinderst Du eine Rechtfertigungsarie beim Gegenüber und seinen Drang, sich zu verteidigen. Wie er oder sie mit den Informationen umgeht, bleibt immer ihm oder ihr überlassen.

Jeder ist für sich selbst verantwortlich
Darüber hinaus ist jeder für sich selbst verantwortlich und die Wahl, wie er mit seiner Rückmeldung umgeht. Es ist ein Angebot für persönliches Wachstum, was er gegebenenfalls bei sich verändern will und was nicht.

Jeder spricht nur für sich selbst
Ein Gespräch ist immer geprägt von persönlichen Erfahrungen und Empfindungen. Deshalb ist es wichtig, dass die Teilnehmer in der Ich-Form sprechen und nicht per „man".

Strikte Vertraulichkeit
Vertraulichkeit hat oberstes Gebot und der Inhalt sollte unter keinen Umständen nach außen getragen werden.

Rücksicht
Als junge Führungspersönlichkeit denkst Du an die Bedürfnisse Deines Gegenübers. Egoismus wirkt schnell zerstörend.

Timing
Wir hatten bereits darüber gesprochen, das Feedback zeitnah erfolgen soll, damit es noch nachzuvollziehen ist. Doch verzichte darauf, Feedback, insbesondere wenn es Kritik enthält, spontan zu geben.

So vermeidest Du unter Umständen eine verärgerte, von Emotionen geleitete Stimmung.

Richtiger Ort, richtige Zeit

Neutraler Boden ist für das Feedback-Geben sehr wichtig für beide Teilnehmer. In Deinem Büro fühlt der Kollege vielleicht nicht wohl und wirkt deshalb gehemmt.

Bist Du selbst der Empfänger von Feedback - und ich wünsche Dir dies möglichst oft – dann beachte bitte Folgendes: Stelle zunächst Deine volle Aufmerksamkeit sicher. Höre aktiv zu und frage bei Verständnisproblemen nach. Notiere Dir wichtige Punkte, versuche Dich nicht zu rechtfertigen oder zu entschuldigen. Es geht nicht darum, wer Recht hat, sondern nur um persönliche Wahrnehmungen und Mitteilungen! Sei dankbar für die Rückmeldung.

Das Stichwort beim Feedback heißt Verantwortung. Wobei die Verantwortung der Gebende und der Nehmende gleichzeitig tragen. In einer starken Feedbackkultur weißt Du als junger High-Potential, um Deine Verantwortung, Deinem Team regelmäßig und präzise Feedback zu geben. Und gleichzeitig erkennen die Mitarbeiter ihre Verantwortung, die erhaltenen Impulse durchdenken zu können und anzunehmen.

Feedbackfallen

Das Feedback spiegelt zum Beispiel Deine persönliche Meinung wider. Allerdings kann es passieren, dass Du durch bestimmte Einflüsse die Rückmeldung unbewusst verzerrst. Je nachdem, wie aufgrund von persönlichen Erfahrungen Dein Verhältnis zu dem Feedback-Nehmer ist, beeinflussen diese Deine Einschätzungen. Ich habe Dir ein paar Feedbackfallen aufgelistet. Es ist wichtig diese zu kennen, um mögliche Fehlerquellen auf die Spur zu kommen.

Stereotypen

Wir denken oft in Schwarz und Weiß. Nur weil ein Kollege in der Freizeit in einer Fußballmannschaft spielt, muss er nicht gleich ein Teamplayer sein.

Oder: Nur weil er gut surfen kann, muss er nicht gleich ein cooler Typ sein. Stereotypen sind klischeehafte Bilder, die unsere Sichtweise vereinfachen und dadurch voreilige Entscheidungen ermöglichen. Zum Beispiel: Warum Männer nicht zuhören und Frauen schlecht einparken können.

Halo-Effekt

Dabei schließt der Feedback-Geber von bekannten Eigenschaften des Kollegen auf unbekannte. Der Mitarbeiter zeigt in einem bestimmten Bereich außergewöhnlich gute Leistungen und diese überträgt der Feedback-Geber auf andere Bereiche des Mitarbeiters. Zum Beispiel: Der Marketing-Kollege hat sehr gute Fachkenntnisse im Social-Media-Bereich, kommt aber jeden Tag zu spät zur Arbeit.

Vergleichen

In einem Sprichwort heißt es: "Der Vergleich ist des Glückes Tod." Insbesondere bei den Jahresgesprächen mit Mitarbeitern ist zu beobachten, dass die Gespräche miteinander verglichen werden.

Sie finden oft in einem kurzen Zeitkorridor hintereinander statt. Erhält ein Mitarbeiter eine besonders gute Beurteilung, wird der andere Kollege tendenziell eher schlechter bewertet.

Hierarchie-Effekt

Mitarbeiter, die einen höheren Status haben, beurteilt der Feedback-Geber in der Regel besser.

Tendenz zur Mitte

Der Beurteiler gibt aus Vorsichtigkeit oder Unsicherheit überwiegend neutrale Bewertungen ab.

Vorabinformation

Wenn ich eine bestimmte Vorinformation über einen Menschen habe, beeinflusst mich diese stärker als ich glaube. Wird ein Kollege von seinem Team als pünktlich, leistungsstark und erfolgreich empfunden, nimmt dies der Feedback-Geber häufig als gegeben an.

Überstrahlungseffekt

Nehmen wir mal an, Du gibst Feedback für eine Frau (es kann natürlich auch ein Mann sein), die attraktiv aussieht, freundlich ist und über ein elegantes Auftreten verfügt.

Diese Einschätzungen können bei Dir dazu führen, dass Du bestimmte andere Mängel bei der Frau/dem Mann übersiehst.

4: Das Fundament heißt Vertrauen

"Nichts kann den Menschen mehr stärken als Vertrauen, das man ihm entgegenbringt."
Paul Claudel, Schriftsteller

Es dauert hundert Jahre bis ein Wald wächst und einen Tag bis er niederbrennt. So ist es auch mit dem Vertrauen unter Menschen. Um dieses Selbstvertrauen beim Mitarbeiter zu schaffen, musst Du zunächst Vertrauen geben. Jemandem Vertrauen entgegen zu bringen bedeutet offen und ehrlich zu sein. Ihn zu akzeptieren und zu respektieren. Du bist gut so, wie Du bist. Ich verlasse mich auf Dich, auf Dein Wort.

Doch Vertrauen hat in unserer Gesellschaft einen schweren Stand. Wer ehrlich ist gilt heute als naiv. Wer die meisten Vorteile für sich herausschlägt, der gilt als Fuchs. Dieses Verhalten lähmt allerdings die Kreativität und Innovation in den Unternehmen und untergräbt die Motivation. Das führt zu Misstrauen, das Controlling ufert aus und jede Form von Energie wird von unendlichen Prozessen absorbiert. Die Folge sind Frustration und innerliche Kündigungen.

Wenn Menschen erfolgreich miteinander arbeiten wollen, kommen sie nicht umhin, sich zu vertrauen. Anderen Menschen zu vertrauen oder das Vertrauen anderer zu gewinnen, setzt ein hohes Maß an emotionaler Intelligenz voraus. Nehmen wir an, Du hast die besten Techniken, Instrumente oder das beste Know-how und erreichst Deine Ziele trotzdem nicht, Du erzielst keine Ergebnisse. Um erfolgreich zu arbeiten bringen diese Voraussetzungen allein gesehen rein gar nichts, wenn zwischen den Mitarbeitern und der Führungskraft nur Misstrauen herrscht.

Und das Misstrauen bestimmt leider den Arbeitsalltag in vielen Unternehmen. Jeder wünscht sich von anderen mehr Vertrauen. Doch zahlreiche junge Führungskräfte glauben sogar, von ihren Mitarbeitern betrogen zu werden. Unter den Kollegen herrschen gegenseitiges Misstrauen und ein ständiger Konkurrenzkampf, der erfolgreiches und effektives Arbeiten nicht zulässt. Die Folge: Es entstehen Kontrollsysteme, Präsenzpflichten und Regeln, die die gesamte Kreativität und Innovation im Unternehmen aufsaugen und vernichten.

Die Mitarbeiter ziehen sich zurück, identifizieren sich nicht mehr mit dem Job, machen Dienst nach Vorschrift oder kündigen innerlich. Misstrauen ist ein Wertevernichter und Kostentreiber. Der Autor Reinhard Sprenger hat einmal gesagt, dass Unternehmen zu reinen Verdachtsorganisationen mutiert wären, in denen Misstrauen zur Norm und Vertrauen zur Ausnahme geworden sind. Mitarbeiter werden per Stechuhr und Kamera überwacht.

Ich hoffe, dass Du als Führungskraft nicht unter solchen Bedingungen arbeitest und wenn doch, bau Vertrauen auf. Ein Arbeitsklima, dass innerhalb Deines Teams oder Deiner Firma von Vertrauen geprägt ist, ist ein echter Wettbewerbsvorteil. Insbesondere vor dem Hintergrund des demografischen Wandels und des „War of Talents" auf dem Arbeitsmarkt. Sei bereit, auf Kontrolle zu verzichten.

Zum Beispiel in modernen, globalen Unternehmen oder bei großen Mittelständlern und Zulieferern bestehen viele Teams aus Experten aus verschiedenen Ländern, die sich digital zusammenrufen und über Fachwissen verfügen, das Du vielleicht gar nicht nachvollziehen oder gar kontrollieren kannst.

Vertrauen finde ich so wertvoll, weil es wie Wissen eine Ressource ist, die sich durch häufigen Gebrauch nicht verringert, sondern sich vermehrt. Je mehr Vertrauen wir nutzen, desto mehr erzeugen wir selbst davon. Vertrauen ist ein wertvolles Gut, vergleichbar mit einer endlosen Energiequelle, die wir anzapfen können. In der Praxis bedeutet das, dass Du Deine Gedanken, Überlegungen und Gefühle in Bezug auf Deine Entscheidungen den Mitarbeitern gegenüber mitteilst.

Rede mit Deinen Mitarbeitern über vertrauliche Projekte, Prozesse, öffne Dich gegenüber Deinen Teammitgliedern. Das hilft den Kollegen, Dich zu verstehen und Vertrauen aufzubauen. Je mehr Du im Arbeitsalltag den Fokus auf Vertrauen und Verstehen richtest, desto offener und wirksamer wird die Kommunikation untereinander.

Erkläre dem Team Dein „Warum", den Sinn dahinter, was Du tust und denkst, was Du fühlst und Du wirst erkennen, wie hochmotiviert Deine Mitarbeiter in die Arbeit kommen. Eins ist auch klar: 100 Prozent erreichst Du nie, das gibt es nicht, nur eine Mehrzahl reicht aus, um wieder andere im Team mitzuziehen und zu überzeugen.

Hier zeige ich Dir ein paar Möglichkeiten, wie Du Vertrauen aufbaust:

- Fehler der Mitarbeiter sind auch Fehler des Chefs, jedenfalls nach außen und nach oben. Das bedeutet, Du gibst Deinen Mitarbeitern Rückendeckung, sie können sich auf Deine Unterstützung verlassen. Doch intern führst Du ein Gespräch mit dem Kollegen über die Ursachen und Folgen.
- Fehler des Chefs sind Fehler des Chefs, und zwar ohne Ausnahme. Du musst die Größe haben, zu Deinen Fehlern zu stehen und nicht Dein Team vorschieben, jedenfalls nicht, ohne die Vertrauensbasis zu zerstören.
- Erfolge der Mitarbeiter gehören den Mitarbeitern. Als Chef schmückst Du Dich nicht mit fremden Federn.
- Übertrage einem Mitarbeiter eine Aufgabe, ohne ihm ständig über die Schulter zu schauen oder ihn zu kontrollieren.
- In schwierigen Situationen die Informationen und Ideen mit dem Team teilen, nicht alles zur Chefsache erklären und in Silos denken, also für sich behalten.
- Die wichtigsten Markt- und Kundenkontakte dem Team zur Verfügung stellen.
- Nutze die Chancen, die sich bieten, um Deine eigenen Erfahrungen mitzuteilen, berichte von eigenen Fehlern und was Du daraus gelernt hast.

- Sei ehrlich: Einblicke in Deine Gefühlswelt zu geben, baut vertrauensvolle Beziehungen auf und kann in anderen einen Perspektivwechsel hervorrufen.

Mit Vertrauen aufbauen meine ich nicht blindes Vertrauen. Blindes Vertrauen ist schlichtweg naiv. Darauf kannst Du kein erfolgreiches Team aufbauen. Was ich meine ist gerechtfertigtes Vertrauen. Benutze einfach Deinen gesunden Menschenverstand, wenn Du jemanden vertraust. Beachte dabei noch folgenden Grundsatz: Vertraue jedem, soweit Du nur kannst und gehe dabei sehr weit an die Grenze, aber: Stelle sicher, dass Du jederzeit erfahren wirst, ab wann Dein Vertrauen missbraucht wird und dass Deine Mitarbeiter wissen, dass Du es erfahren wirst.

Stelle sicher, dass jeder Vertrauensbruch gravierende Folge haben wird. Im Zusammenhang mit Vertrauen kann in Unternehmen ein ganzes Minenfeld von Missverständnissen entstehen und es ist überlebenswichtig für Dich, dass Du den sicheren Weg nach draußen kennst.

5: Konflikte reden und meistern

"Konflikte sind nur lösbar, wenn Gefühle und Verstand in Einklang gebracht werden."
Helmut Glaßl, Maler

Jeder kennt sie, niemand will sie haben: Konfliktgespräche zu führen ist die Königsdisziplin der Führungskommunikation. Hier beißen sich viele junge, und auch erfahrene Führungskräfte die Zähne aus. Es sind einfach viele Emotionen im Spiel, wenn Gespräche mit Menschen zu führen sind, die nicht auf unserer Wellenlänge funken. Hier vorab ein wichtiger Punkt: Damit das Gespräch nicht eskaliert, achte darauf, dass Du nicht den Charakter oder die Persönlichkeit angreifst. Fokussiere Dich auf das Verhalten, nicht auf die Person. Oder anders gesagt: Sei hart in der Sache, aber sanft zu den Beteiligten.

Wenn es ungemütlich wird, leiden viele Vorgesetzte. Schlaflose Nächte, Stress, Selbstzweifel. Und nur ein einziges dieser Probleme kostet bereits so viel Zeit, so dass Du vielleicht Deine Ziele nicht erreichst. Du schuldest es auch Deinem Team, Konflikte mit Kollegen zu lösen. Sonst kommt es zu verheerenden Schäden in der Zusammenarbeit, der Moral oder beim Engagement.

Ein Konflikt muss sich nicht in einer offenen Auseinandersetzung zeigen. Konflikte werden häufig versteckt ausgetragen und sind oft schwierig zu erkennen. Es gibt vier unterschiedliche Konflikte, die ich Dir kurz vorstellen werde. Dadurch bist Du in der Lage, Konflikte und Ärger frühzeitig zu erkennen und gegenzusteuern.

Einen **kalten Konflikt** erkennst du an folgenden Aspekten: Äußere Beherrschung, Zynismus, Berechnung und Verachtung im Ausdruck. Symptome können sein: hinter dem Rücken sprechen, Augen verdrehen, Dienst nach Vorschrift, erhöhter Krankenstand.

Der latente Konflikt ist sehr schwer zu erkennen. Er steht häufig am Anfang eines Konflikts und ist noch nicht offensichtlich ausgebrochen, da bisher noch keine feindseligen Handlungen erkennbar sind. Bei solchen Konflikten brodelt es über eine lange Zeit an der Oberfläche. Dies führt langfristig immer zu Enttäuschung. Achte auf Dein Bauchgefühl, schau auf die Körpersprache des Gegenübers, ist sie verschlossen, defensiv, achte auf unbedachte Äußerungen und suche lieber einmal zu oft das Gespräch als zu wenig.

In einem **heißen Konflikt** schlagen die Emotionen für alle sichtbar hoch. Die Beteiligten sind sehr engagiert und äußerst emotional. Vorwürfe, direkte Kritik, Abwenden, abfällige Handbewegungen oder auch Tränen sind die Symptome.

Offene Konflikte sind schon „mittendrin" und sichtbar ausgebrochen. Die Symptome zeigen sich durch Drohungen, offene Anschuldigungen und Kommunikationsabbrüche.

Hinter einem dieser sichtbaren Konflikte stecken oft mehrere unsichtbare Konflikte, hinter denen sich die eigentlichen Ursachen verbergen. Oft sind dies Missverständnisse, wie fehlende Informationen oder unterschiedliche Wahrnehmungen. Auch individuelle Sichtweisen, Werte und Bedürfnisse können zu Konflikten führen.

Diese Ursachen sind unsichtbar für uns, sie befinden sich unter der Wasseroberfläche. Genauso wie strukturelle Bedingungen einer Firma, begrenzte Ressourcen, verletzte Zuständigkeiten, unfaire Behandlungen, Sparmaßnahmen.

Jetzt stelle Dir vor, dass Du ein Konfliktgespräch mit einem schwierigen Mitarbeiter führst. Das Gespräch eskaliert, weil einer der oben genannten Gründe, die Du auf den ersten Blick gar nicht wahrgenommen hast, dafür verantwortlich war. Keine Sorge: Wie ich am Anfang gesagt habe, gibt Dir dieser Ratgeber mehr Sicherheit und innere Stärke. Deshalb habe ich einen Leitfaden erstellt, der Dich optimal auf ein Konfliktgespräch vorbereitet. Es gibt fünf Phasen eines Konfliktgesprächs.

> **1. Phase Sichtweise:** Zu Beginn eines konstruktiven Konfliktgesprächs ist es wichtig, zunächst die Sichtweisen der Konfliktparteien zu klären. Also die Sichtweisen offenlegen, sich gegenseitig verstehen und anerkennen.

> **2. Phase Gefühle**: Anschließend braucht es Klarheit über die Gefühle aller Beteiligten, wie Enttäuschung, Wut oder Angst.

In den ersten beiden Phasen geht es darum, den anderen empathisch wahrzunehmen, also zuzuhören und zu akzeptieren.

3. Phase Bedürfnisse: Um den Konflikt wirklich zu lösen, sprechen beide Seiten über ihre Bedürfnisse und erkennen die Bedürfnisse des anderen an. Beide Teilnehmer sagen, was ihnen wichtig ist und was sie brauchen.

4. Phase Handlungsoptionen: In Phase vier entwickeln beide gemeinsam Möglichkeiten, um den Konflikt zu lösen. Zum Beispiel, dass Du als Führungskraft den Sinn und Zweck der Anweisungen erklärst und den Kollegen eventuell in den Entscheidungsprozess miteinbeziehst. Wichtig ist hierbei, auch solche Strategien festzuhalten, die nicht infrage kommen. Sie werden erst von der Liste gestrichen, wenn für beide Seiten der Grund dafür klar verständlich ist.

5. Phase Vereinbarung: Beide Gesprächspartner klären, wie sie in Zukunft zusammenarbeiten wollen, zum Beispiel öfter kurze Meetings vereinbaren. Zum Abschluss schreibst Du die vereinbarten Maßnahmen auf.

Jetzt ist es wichtig zu überlegen, wie Du in der Vergangenheit in ein Konfliktgespräch gegangen bist. Reflektiere einmal Dein Vorgehen. Warum hat es vielleicht nicht funktioniert, auch wenn Du Dich an den fünf Phasen orientiert hast? Vielleicht lag es an Deiner Körpersprache, an Deiner Wortwahl? Warst Du wirklich offen für eine Lösung? Oder hat Deine innere Ablehnung Dir einen dicken Strich durch Deine guten Absichten gezogen? Waren Dir Deine Bedürfnisse klar, also hast Du verständlich ausgedrückt, was Dir wichtig ist, was Du brauchst, um den Konflikt zu lösen? Reflektiere Dich. Du bist noch skeptisch, ob diese fünf Phasen in der Praxis funktionieren? Probiere es aus und Du wirst schnell feststellen, dass Dir diese fünf Phasen Sicherheit geben.

In einem Konfliktgespräch empfehle ich Dir, die drei Ws Wahrnehmung, Wirkung und Wunsch aus dem Kapital Feedback anzuwenden. Mit den drei Ws kannst Du Deine Gefühle und Bedürfnisse auf den Punkt genau zum Ausdruck bringen.

Kommunikation ist die wichtigste Fähigkeit im Leben. Denke doch mal darüber nach, wie viel Zeit Du damit verbracht hast, sprechen, lesen und schreiben zu lernen. Aber was ist mit dem Zuhören?

Hast Du auch gelernt, richtig zuzuhören, so dass Du die anderen Menschen wirklich verstehen kannst? Erst verstehen oder „Erst die Diagnose, dann das Rezept" ist ein Prinzip, das in vielen Lebensbereichen ungemein wichtig ist.

Ein guter Arzt wird eine Diagnose stellen, bevor er Dir ein Medikament verschreibt. Verantwortungsvolle Eltern hören dem Kind erst richtig zu, bevor Sie eine Strafe verhängen, die völlig unangebracht sein könnte. Und ein guter Gesprächspartner wird den Standpunkt des Anderen verstehen wollen, bevor er selbst verstanden werden möchte. Eines der größten menschlichen Bedürfnisse ist, bestätigt, geschätzt und verstanden zu werden. Den meisten von uns ist es wichtig, erst verstanden zu werden.

Das ist absolut menschlich – wir wollen Menschen unseren Standpunkt klar machen. Doch dabei ignorieren wir den Anderen völlig, tun nur so, als ob wir zuhören, oder hören nur bestimmte Teile des Gesprächs. Weshalb passiert all das? Ganz einfach: Weil wir mit der Absicht zuhören, zu antworten, und nicht mit der Absicht, zu verstehen.

Während Dein Gesprächspartner spricht, überlegen wir bereits, was wir sagen und welche Fragen wir stellen wollen. Einer der Hauptgründe dafür ist, dass wir alles, was wir hören, sofort interpretieren. Wir filtern es durch unsere eigene Autobiografie – durch unsere Lebenserfahrungen.

Deshalb treffen wir allzu oft voreilige Schlüsse darüber, was der Andere meint. Ich habe typische Gesprächsförderer und -störer sowie die entsprechenden Redewendungen aufgelistet. Dos und Don'ts der Kommunikation. Zudem findest Du im Support eine Checkliste "Umgang mit schwierigen Mitarbeitern" zusammengestellt.

Viele Menschen haben das Gefühl, dass Ihnen Gespräche häufig aus der Hand gleiten und nicht sie, sondern Ihr Gegenüber das Gespräch führt. Es geht nicht darum, mehr Anteile am Gespräch zu erhalten, sondern die Richtung des Gesprächs zu steuern.

Gesprächsförderer	Typische Redewendungen
Offene Fragen öffnen den Geist. Hier erhalte ich ausführliche Infos und erfahre Hintergründe	Der Sesamstraßen-Jingle: Wer, Wie, Was, Wieso, Weshalb, Warum. "Wie sehen Sie das?"
Nachfragen	"Was meinen Sie mit vielleicht..?" "Sie sagen, irgendwann?" "Sind Sie der Meinung, dass..?"
Verständnis signalisieren	"Ich kann gut verstehen.." "Ich kann mir vorstellen..
Mit Namen ansprechen	Herr Mayer, Frau Müller...
Positiv formulieren	Gerne, schön, klar, gut..
Gefühle ansprechen	"Sie fühlen sich überfordert?" "Sie sind frustriert?"
Wünsche herausarbeiten	"Sie möchten also am liebsten..?" "Ihnen ist also wichtig..?"
Ich-Botschaften	"Ich fühle mich dabei.." "Das macht mich.." "Ich bin.."
Zusammenfassen	"Sie meinen, dass ..?"
Auf den Punkt bringen	"Habe ich Sie richtig verstanden, dass...?"
Aufmerksamkeit	"Mhmm, ja, aha…" Blickkontakt

Gesprächsstörer	Typische Redewendungen
Entscheidungsfragen, für Klarheit & Verbindlichkeit	"Sind Sie damit einverstanden?" "Blau oder Weiß?"
Ausfragen	"Warum haben Sie das nicht früher gesagt?"
Herunterspielen	"Das ist doch nicht schlimm..." "Da müssen wir alle durch..."
Bewerten	"Da liegen Sie falsch..." "So kommen Sie nicht weit..."
Befehlen	"So geht das nicht..." "Sie müssen halt..."
Von sich reden	"Ich habe das damals..." "Ich weiß noch, wie..."
Unterstellungen machen	"Sie regen sich nur auf, weil..." "Das liegt nur daran, dass Sie..."
Warnen und Drohen	"Denken Sie an die Folgen..." "Das würde ich mir überlegen..."
Lebensweisheiten	"Wer einmal lügt..." "Ohne Fleiß kein Preis.." "Der frühe Vogel..."
Killerphrasen	"Du mit Deinen Ideen..."

Sicherheit und Souveränität

In jedem Gespräch senden wir verbale und nonverbale Signale. Wir sind aber nicht in der Lage, diese zu kontrollieren bzw. zu unterlassen. Wir können bekanntlich nicht nicht kommunizieren. Allerdings können wir alle Signale, die von unserem Gegenüber ausgesendet werden, uns bewusst zunutze machen. Du kennst sicherlich die Sprüche "Der erste Eindruck ist entscheidend" oder "Es gibt keine zweite Chance für einen ersten Eindruck". Bereits vor Beginn des Gesprächs haben wir über den anderen Menschen eine Entscheidung getroffen. Strahlt die Person Souveränität und Selbstbewusstsein aus oder wirkt sie verunsichert auf uns. Wir registrieren Körperhaltung, Gestik, Mimik des Gegenübers und verstärken dadurch die Interpretation des ersten Eindrucks.

Ich habe Dir hier die zwölf Gesetz des ersten Eindrucks aufgelistet:

1. Um einen fremden Menschen zu beurteilen, nehmen wir uns sehr wenig Zeit.
2. Wir nehmen vor allem das wahr, was unseren ersten Eindruck bestätigt.
3. Unser Gehirn nimmt Negatives besonders stark in sein Bewusstsein auf. Man kann sagen: Wir sind alle negativ gepolt.

4. Wir hassen kompliziert und machen es uns deshalb immer einfach. Wir nehmen ein Merkmal und kombinieren das mit anderen Merkmalen. Zum Beispiel: Wer lügt, der stiehlt.
5. Die Augen sind unser wichtigstes Sinnesorgan. Wir fokussieren unsere Umwelt mit unseren Augen und nehmen somit alles um uns herum am stärksten wahr.
6. Wenn es bei uns in der Seele regnet, dann regnet es auch bei den Anderen. Unsere eigene Stimmung beeinflusst sehr stark, wie wir die Welt wahrnehmen.
7. Wir brauchen die Vergleichsgröße zu anderen, um unser Umfeld wahrzunehmen.
8. Du bist der Durchschnitt der fünf Menschen, mit denen Du die meiste Zeit verbringst. Mein Umfeld hat großen Einfluss darauf, wie ich einen Menschen wahrnehme.
9. Wenn ich eine bestimmte Vorinformation über einen Menschen habe und diese trifft zu, dann nennen wir das eine selbsterfüllende Vorhersage. Auch "self-fulfilling prophecy genannt". Die Theorie von Robert King Merton erklärt eine unbewusst ablaufende Verhaltensänderung bzw. -steuerung, die dazu führt, dass sich eine Erwartung oder Befürchtung tatsächlich erfüllt, die ich über einen Menschen habe. Sie beeinflusst

meine Meinung über andere Menschen mehr als ich glaube.
10. Warum haben wir oft Streit mit Menschen, die vom Charakter, der Einstellung und den Ansichten her uns sehr ähnlich sind? Wir sehen vor allem das, was wir an uns selbst nicht leiden können.
11. Wir lieben den Mittelweg. Einfach ist immer besser.
12. Babys lernen durch Beobachten und Nachmachen und nehmen Gefühle und Mimik anderer an. Du kennst das: Jemand lächelt uns an und wir lächeln, ohne nachzudenken, zurück. Oder wir können unsere Tränen nicht unterdrücken, wenn wir einen traurigen Film sehen. Dass wir empfinden, was andere empfinden, egal ob es nun Mitleid, Trauer oder Freude ist, verdanken wir bestimmten Nerven in unserem Hirn – den Spiegelneuronen. Erst sie machen uns zu einem sozialen, mitfühlenden Wesen. Auch das gequälte Hochziehen der Mundwinkel hat einen positiven Effekt.

Um Souveränität und Sicherheit auszustrahlen oder sogar charismatisch zu wirken ist ein ausgeprägtes Selbstbewusstsein hilfreich. Mit Selbstbewusstsein meine ich nicht Überheblichkeit, Arroganz oder autoritäres Verhalten. Selbstbewusstsein heißt für mich, seine eigene Persönlichkeit gut zu kennen. Alle Stärken und besonders die Schwächen zu akzeptieren, so wie sie sind. Es bedeutet, dass Dein Selbst- und Fremdbild nicht verzerrt ist, im Gegenteil. Beide befinden sich im Einklang zueinander und strahlen dadurch echte Souveränität aus.

Voraussetzung für sicheres und souveränes Auftreten ist Authentizität. Erst dadurch wirkst Du glaubwürdig und überzeugend, unterdrückte Ängste und Schwächen verhindern Souveränität. Charismatische Menschen akzeptieren ihre Zweifel und Ängste. Niemand ist perfekt. Wir lieben doch die kleinen Eigenheiten und skurrilen Angewohnheiten von anderen Menschen.

Deshalb ist Souveränität ein bedeutender Faktor für das Gelingen von Konfliktgesprächen. Wenn Deine Stimme überzeugend klingt, Deine Worte von Deiner Körpersprache zusätzlich unterstützt wird und Deine Argumentation dadurch leicht von den Lippen geht, dann leistest Du ganze Überzeugungskraft und bist glaubwürdig.

6: Delegiere oder verliere

"Bei allen Dingen, die man nicht selbst machen kann, sei es aus Mangel an Fähigkeit, sei es aus Mangel an Zeit, ist die Hauptsache, die rechten Leute herauszufinden, welchen man die Arbeit übertragen kann."
Robert Bosch

Du bist eine junge Führungskraft oder willst es werden, hast den neuen Job erst ein paar Tage und musst Dich bereits mit dem Verteilen von Aufgaben beschäftigen? Ich sage Dir: unbedingt. Nimm das Delegieren, also das Übertragen von Aufgaben nicht auf die leichte Schulter. Voraussetzung für das Delegieren ist natürlich, dass Du jeden einzelnen Deines Teams gut kennst. Warum ist das so wichtig? Delegieren ist Empowerment, sprich: Ermächtigung Deiner Mitarbeiter durch Aufgabenübertragung. Du solltest unbedingt die Stärken und Schwächen Deines Teams kennen.

Mit Delegieren meine ich nicht, Deinen Mitarbeitern imaginäre Affen auf die Schultern zu setzen, zu sehen, wie sie unter der Last zusammenbrechen und keine Hilfestellung zu geben, um diese Affen erfolgreich zu verjagen. Hast Du das schon mal erlebt? Fühlt sich echt ätzend an. Ich hatte so einen Chef, der mich nie über den Sachstand informierte, ich aber seine, wie ich damals dachte, Drecksarbeit erledigen musste.

Die Folge war, ich fragte immer nach, weil mir Informationen fehlten, nervte dadurch meinen Chef und war schuld, dass nichts voran ging. Frustration und kein Bock auf den Job waren bei mir die Konsequenzen.

Nun bist Du Führungskraft. Du hast nicht mehr die Zeit und die Kapazitäten, alles selbst zu erledigen. Oder komme bitte gar nicht erst auf die Idee: Ich mach das schnell, dann weiß ich, dass es passt und funktioniert. Sei kein Perfektionist, sondern gebe ab. Perfektionisten machen alles selbst, landen im Burnout und führen ein gelangweiltes Team ohne verantwortungsvolle Aufgaben. Die Mitarbeiter entwickeln das Gefühl, Du traust ihrer Fachkompetenz nicht.

Beim Delegieren stellt sich heraus, wie gut Du kommunizieren kannst. Zudem besteht die Gefahr, dass Du nicht wirklich delegierst. Du mischt Dich dauernd ein, vertraust dem Mitarbeitern nicht oder Du hast das Delegationsgespräch nicht gut vorbereitet. Mir geht es in erster Linie darum, dass Du die Art und Weise überdenkst, wie Du in Deinem Arbeitsalltag Probleme löst oder Prozesse umsetzt.

Deshalb ist der folgende Gedanke enorm wichtig: Es ist ein Zeichen von Stärke, als Führungskraft um die Unterstützung Deines Teams zu fragen und nicht von Schwäche, wie es viele andere Chefs interpretieren. Dadurch zapfst Du die wertvollen Ressourcen Deiner Mitarbeiter an und erreichst mit geringerem Aufwand Deine Ziele viel schneller. Dein Team sollte allerdings spüren, dass Du sie um Hilfe bittest, weil Du deren Know-how und Talent zu schätzen weißt und nicht, weil Du bis zum Hals in Arbeit steckst und nicht weiterkommst.

Da stellt sich mir die Frage, warum Dein Team Dir überhaupt helfen sollte. Sie arbeiten von 9 bis 17 Uhr und wollen danach schnell nach Hause. Das ist ein negativer Glaubenssatz, den das Gallup-Institut jedes Jahr bestätigt. Die Forscher aus Frankfurt stellen über Umfragen fest, dass die emotionale Bindung der Mitarbeiter an ihr Unternehmen eher mit freizeitorientierter Schonhaltung zu beschreiben sei. Ich bin fest davon überzeugt: Nicht bei den Mitarbeitern, sondern beim Führungspersonal sind die Ursachen hierfür zu finden. Mitarbeiter haben Erwartungen an ihre Jobs, die über die reine Bezahlung hinausgehen. Sie wollen....

- Mitbestimmen, wie sie ihre Arbeit machen
- In Entscheidungen einbezogen werden
- Ihre eigenen Probleme lösen

- Und über Veränderungen rechtzeitig informiert werden.

Verschwende keine Zeit damit, alles allein zu schaffen, nur weil Dein Ego es nicht zulässt, Deine Mitarbeiter zu fragen. Vielleicht haben sie bereits eine Lösung. Menschen stehen meist mehr hinter den eigenen Ideen und sind motivierter, diese umzusetzen. Ein Grund mehr, um weniger Anweisungen zu geben und Dein Team, um mehr Unterstützung zu fragen und es zu beteiligen. Nur wie machst Du das in der Praxis? Wie fragst Du jetzt Dein Team um Unterstützung? Hier ein paar Beispiele:

- "Welche Ideen haben Deine Mitarbeiter bereits gesammelt?"
- "Was sollen wir tun?"
- "Aufgrund ihrer Erfahrung: Was meinen sie, wo wir anfangen sollen?"
- Du fragst: "Denken Sie, dass dieser Plan für das Projekt funktioniert?"

Hier noch ein Praxistipp: Es kommt oft vor, dass Mitarbeiter Ideen und Vorschläge einbringen, die nicht umzusetzen sind. Um ihr Selbstgefühl nicht zu verletzen, erklärst Du, warum die Idee nicht durchführbar ist, indem Du das Für und Wider abwägst und den Kollegen hilfst, die Risiken und Nachteile zu verstehen.

Insbesondere für Dich als junge Führungskräfte zählen die Gesprächselemente Wertschätzung, Empathie sowie Unterstützung und Beteiligung zu den mächtigsten Skills, die Du in der Führungs-Kommunikation einsetzen kannst. Beachte diese Elemente und Du wirst eine wirkungsvolle Führungspersönlichkeit sein.

Lass uns etwas genauer hinschauen, damit Du diese Fehler nicht machst. Beim Delegieren geht es um weit mehr, als nur Aufgaben zu verteilen. Wenn Du richtig delegierst, trägt jedes Teammitglied zu positiven Ergebnissen bei, entwickelt neue Skills und vermehrt Fachwissen. Aufgepasst: Damit Deine Mitarbeiter und Du nicht an falscher Aufgabenverteilung verzweifeln, solltest Du folgende offenen W-Fragen bedenken und beantworten, bevor Du ein Delegationsgespräch führst.

- Welche Aufgaben kann nur ich machen?
- Welche Aufgaben können andere Teammitglieder deutlich besser erledigen als ich?
- Welches Ziel liegt der Aufgabe zugrunde?
- Wie kann ich die Tätigkeiten in einfachen Worten beschreiben?
- Welche Infos und Unterlagen, Hardware oder Software braucht der Mitarbeiter?
- Welche Kompetenzen muss ich übergeben?
- Wer soll welche Arbeit übernehmen. Wer ist der Richtige für diesen Job?

- Wie kommunizierst Du diese Entscheidung, um die Akzeptanz im Team zu bekommen? Einige werden verärgert sein, weil sie die Verantwortung nicht bekommen haben.
- Wie gestaltest Du die Überprüfung der delegierten Aufgaben?
- Welchen Zeitbedarf erfordert die Aufgabe?
- Nicht delegieren kannst Du Führungsaufgaben und Führungsverantwortung.

Kommen wir nun zum Ablauf des Delegationsgesprächs. Dieser Ratgeber heißt schließlich „Erfolg mit Kommunikation". Also das mit offener und wertschätzender Kommunikation etwas er-folgt. Und befolgst Du die richtige Strategie, kommunizierst Du wie eine wirksame Führungspersönlichkeit und die richtigen Ergebnisse (er-) folgen. Dieser praktische Schritt für Schritt Leitfaden gibt Dir Sicherheit im Delegationsgespräch.

Eröffne das Gespräch mit einer kurzen Beschreibung der Aufgabe und der Bedeutung für das Team. Du kommst zum Thema: „Herr Müller, wir haben ein neues Projekt erhalten und ich möchte, dass sie die Projektleitung übernehmen. Was halten sie davon?"

Zuhören: Wie Du bereits weißt, ist Zuhören der wichtigste Bestandteil der Kommunikation, also lass den Kollegen spontan reagieren. Vielleicht freut er sich, vielleicht hat er Vorbehalte.

Entwickeln: Im nächsten Schritt entwickelst Du das Gespräch: Du erläuterst den Gesamtzusammenhang, was Du speziell von ihm erwartest und dass er Deine Unterstützung bekommt.

Zuhören: Jetzt kommt der entscheidende Teil des Gesprächs. Du fragst den Mitarbeiter als Experten, ob der Job aus seiner Sicht so umzusetzen ist. Du fragst ihn nach seiner Meinung (Wertschätzung) und was er noch braucht, um die Aufgabe erfolgreich umzusetzen. Damit schaffst Du Vertrauen und gibst ihm den letzten, freundlichen Schubser, um seine Zustimmung zu bekommen.

Abschließen: Zum Abschluss vereinbart Ihr zusammen die Aufgabenbereiche, terminiert die Feedbackgespräche, legt fest, welches Ergebnis wann geliefert werden muss, besprecht Sprachregelungen, Vorschriften usw.

Dokumentiere das Gespräch und lass es unterschreiben.

Halte Kontakt mit der delegierten Aufgabe bzw. mit dem Kollegen, um letztendlich loszulassen. Hört sich widersprüchlich an, ist aber absolut notwendig. Manchmal ist eine unverbindliche Nachfrage oder Bestätigung alles, damit der Mitarbeiter weiter hoch motiviert bleibt. Du kannst auch in Besprechungen und bei spontanen Unterhaltungen immer wieder Feedback geben und signalisieren, dass Du Unterstützung anbietest. Verantwortung abzugeben schaffst Du nur, indem Deine Mitarbeiter schrittweise Selbstverantwortung übernehmen. Nun kannst Du Dich auf Deine Kernaufgaben konzentrieren.

7: Begeisternd präsentieren

"Man muss denken wie die wenigsten und reden wie die meisten." Arthur Schopenhauer

Wir chatten, skypen, bloggen und posten. Was kann eine analoge Rede oder Präsentation im digitalen Zeitalter da bewirken? Ganz einfach: Sie ringt um die Herzen der Zuhörer. Bei einer Rede oder Präsentation geht es um mehr als Zustimmung, es geht darum, dass die Kollegen mit Begeisterung und großen Augen folgen. Reden halten und Präsentationen durchführen zählen zu den mächtigsten Skills einer Führungskraft. Denn Du bist es, der seinem Team das neue Projekt vorstellt, den Change erklärt, Kollegen verabschiedet oder beim Lieferanten oder vor Entscheidungsträgern eines Verbandes im Namen Deiner Firma einen Vortrag hältst. Erinnerst Du Dich an Vorträge oder Präsentationen in Deiner Ausbildung, im Job oder auf der Universität, die Dich umgehauen haben? Du kannst sie bestimmt an einer Hand abzählen.

Viele Geschäftsführer und Vorstände haben bereits ein Problem, sich selbst in ein paar kurzen Sätzen vorzustellen. Da stellt sich mir die Frage, warum sind Vorträge, Präsentationen oder Reden so langweilig und schlecht, dass wir dabei regelmäßig einschlafen oder das Handy zücken, damit wir nicht einschlafen? Wir leben in einer Zeit der kognitiven Müdigkeit. Täglich beeinflussen uns tausende von Botschaften. Dadurch wird unsere Aufmerksamkeitsspanne immer kürzer und die Toleranz für Überflüssiges immer niedriger. Zudem verdoppelt sich alle drei Jahre das Wissen der Menschheit, bedeutet: Das es in drei Jahren nur noch die Hälfte wert ist. Trotz dieser Informationsflut dürstet es uns weiterhin nach Wissen.

Die Wahrheit ist doch, dass die meisten Vorstände, Dozenten, Geschäftsführer oder Führungspersönlichkeiten es nicht können oder nicht wollen, einen verständlichen, abwechslungsreichen Vortrag oder eine gute Präsentation zu halten. Die Hintergründe sind vielfältig und aufschlussreich. Experten untersuchen die häufigsten sozialen Ängste der Menschen. Die Plattform Statista veröffentlicht diese Ergebnisse regelmäßig. Die Top Fünf sind Angst vor Ungeziefer (22%), tiefes Wasser (22%), Geldmangel (22%), große Höhen (32%) und vor Menschen reden steht mit 41% an der Spitze. Für die meisten Menschen ist nicht einmal der Tod schlimmer als vor Menschen zu sprechen. Diese Angst ist in unserem Kleinhirn verankert. Unsere Vorfahren lebten vor langer Zeit auf Bäumen mit einer Gruppengröße von ungefähr fünf.

Wir entwickelten uns mit der Zeit weiter, stiegen von den Bäumen herunter und liefen umher. Der Haken an der Sache: Unser Kleinhirn misstraut seither Gruppen, die größer als fünf Personen sind. Wir dachten und denken immer noch, die Typen da kommen, um uns zu töten. Also Klappe halten und sofort wegrennen.

Du läufst nicht weg. Eine gute Vorbereitung, ein starker Einstieg und eine einfache Struktur sind Deine besten Mittel gegen das Gefühl der Flucht. Der Inhalt des Themas und die Zahlen, Daten, Fakten beherrschst Du als Führungskraft, das sind Grundvoraussetzungen. Den Vortrag zu schreiben oder die Präsentation zu erstellen, sollte für Dich deshalb kein Problem sein.

Damit Du den Inhalt Deiner Rede nicht vom Zettel oder von der Powerpoint ablesen musst, rate ich Dir, zu üben, zu üben und zu üben. Trage den Vortrag Freunden und Bekannten vor und freue Dich auf das Feedback. Denn wie Du weißt, ist Feedback das Frühstück der Champions.

Das, was bei Deinen Zuhörern oder Deinem Team im Gedächtnis bleibt, sind die Emotionen, die Du in Ihnen ausgelöst hast. Verabschiede Dich also davon, dass der Inhalt das wichtigste ist.

Du willst natürlich, dass die Zuhörer und Mitarbeiter Deine Informationen verstehen und die richtigen Schlüsse daraus ziehen. Um Informationen und Emotionen miteinander zu verbinden und somit Dein Team oder Publikum zu erreichen, beachte einfach bei der Erstellung und Vorbereitung Deines Vortrags unter anderem folgende Punkte:

Lampenfieber

Du bist gut vorbereitet, die Rede ist eingeübt und kurz vor Deinem Auftritt ist es da: Das Lampenfieber. Der Mund ist trocken wie die Sahara, Du spürst Deinen Herzschlag am Hals und Deine Handflächen sind so feucht wie der Regenwald. Jetzt ruft Dein Kleinhirn: Renn weg! Die Ursache des Lampenfiebers sind Versagensängste. Angst vor Gelächter, vor Langeweile, der schlechten Vorbereitung, vor zu hohen Erwartungen, also die Angst davor, sich zu blamieren.

Wie kannst Du nun mehr Selbstvertrauen gewinnen, um das Lampenfieber zu besiegen? Zunächst einmal: Das, von dem Du denkst, dass es alle denken, ist nicht das, was sie wirklich denken. Die Wahrnehmung des Publikums folgt der so genannten Gaußschen Kurve des deutschen Mathematikers Carl Friedrich Gauß.

Er hat herausgefunden, dass fünf bis zehn Prozent des Publikums immer denken, Du bist ein Vollidiot und fünf bis zehn Prozent der Meinung sind, Du bist ein Genie. Vertraue den fünf bis zehn Prozent, die denken, Du bist ein Genie. Du sagst: "Danke, dass du da bist, Lampenfieber." Das Adrenalin, das durch Deinen Körper schießt, schärft Deine Sinne und Du bist hellwach. Du sagst: "Ich bin gut vorbereitet, niemand wird lachen und ich weiß, worüber ich rede." Jetzt bist Du voll konzentriert.

Hier ein Tipp: Die sogenannte BRAVO-Formel. Sie eignet sich besonders kurz vor Deinem Auftritt oder Deiner Präsentation und hilft Dir fokussiert und souverän zu bleiben.

B – Bewegung: Laufe vor Deinem Auftritt oder Präsentation im Büro oder hinter der Bühne auf und ab. Somit baust Du Dein Adrenalin ab.

R – Ruhe: Nach der Bewegungseinheit mache ein paar Atemübungen zur Entspannung.

A – Affirmation: Vor dem Auftritt sagst Du zu Dir: "Ich habe keine Angst". „Ich schaffe das". Affirmationen sind Bejahungen, dadurch beeinflusst Du positiv Deine Gedanken und gibst Dir Mut.

V – Visualisierung: Schließe die Augen und stelle Dir den Beifall des Publikums vor. Dein Vortrag ist vorbei und Du lächelst.

O – Offensive: Du bist bereit für Deinen Auftritt!

Die Struktur

Aristoteles sagte einmal: Ein Ganzes ist, was Anfang, Mitte und ein Ende hat. Noch einfacher gesagt: Einleitung, Hauptteil, Schluss - es hat sich wie damals beim Aufsatzschreiben in der fünften Klasse nichts verändert. Du musst das Rad nicht neu erfinden, aber Du kannst es mit Deiner Persönlichkeit neu anstreichen. Wie überzeugst Du Menschen mit Deinen Argumenten? Es ist gar nicht so einfach. Wir fragen uns oft: "Warum versteht sie oder er das nicht?" Die Antwort finden wir beim griechischen Philosophen Aristoteles. Er sagte: Um Menschen zu überzeugen, brauchen wir starke Argumente in der Kommunikation. Diese Argumente bestehen aus Logos, Ethos und Pathos. Logos ist das logische Argument zum Beispiel Umsatz, Marktanteil oder Geschäftszahlen. Ethos ist die Glaubwürdigkeit, zum Beispiel Deine Expertise, Reputation oder Dein Fachwissen. Pathos ist die Emotion, die Gefühle, die Du mit Deiner Rede oder Präsentation bei den Menschen auslöst.

Und mit Abstand ist Pathos die wichtigste Säule in Deiner Rede. Auf wundersame Weise wird aus den drei Argumenten Logos, Ethos und Pathos eine Struktur, die seit Jahrhunderten funktioniert. Jetzt garnierst Du die Argumente mit ein paar rhetorischen Zutaten und Deine Rede bleibt in den Köpfen der Zuhörer haften. Ich bin der

Meinung, dass eine Präsentation und eine Rede immer eine Botschaft haben sollten. Dieser Slogan bleibt im Gedächtnis Deines Publikums hängen, am besten kurz und prägnant. "Freude am fahren", BMW. "Just do it", Nike. "Yes, we can", Barack Obama. Ein Slogan ist die Essenz Deines Vortrags, der Kern. Was willst Du mit Deiner Präsentation erreichen?

Einstieg

Ein gelungener Opener wirkt wie ein Wundermittel. Die anfängliche Nervosität ist weg und das Publikum hört gespannt zu. Er sollte leichtfüßig daherkommen und je nach Thema mit einem Lächeln im Gesicht präsentiert werden. Nun kommen wir zum ersten rhetorischen Mittel. Du stehst vor Deinem Team, alle denken Du fängst an zu reden und Du... schweigst. Kein Hallo, kein Räuspern oder "Ich bitte um Ruhe." Was Du brauchst ist absolute Stille, um die Aufmerksamkeit und die Konzentration der Menschen zu bekommen. Die Pause ist das wirksamste rhetorische Mittel in einer Rede.

Jedes Publikum schenkt Dir am Anfang zwei Minuten. In diesen zwei Minuten musst Du sie überzeugen. Während Du schweigst, lächelst Du Dein Publikum an, bist geduldig.

Dadurch strahlst Du Autorität und Selbstvertrauen aus. Das heißt, Dein Ethos - Deine Reputation - als Führungspersönlichkeit steigt.

Mit dem ersten Satz fesselst Du Deine Zuhörer. Damit meine ich nicht das althergebrachte und konservative Gerede, wie: "Guten Tag, sehr verehrte Damen und Herrn. Mein Name ist Holger Zander, schön, dass sie so zahlreich erschienen sind. Ich spreche heute über die wirtschaftlichen Veränderungen." "Bevor ich anfange…" "Ich darf vielleicht…" Da fällt das Publikum gleich ins Wachkoma. Das ist langweilig. Und weiter "Ich zeige ihnen jetzt 40 Folien…"

Ich lese laut, sie lesen leise. Noch etwas: Mache Dir bitte eins klar, Du kannst Dich nicht bei Jemandem bedanken, der zahlreich erschienen ist, es sei denn, er hat eine gespaltene Persönlichkeit, dann funktioniert das. Bei Reden und Präsentationen geht es darum, etwas anderes als den üblichen Einheitsbrei zu kochen. Du kannst zum Beispiel mit einem Zitat zum Thema einsteigen.

Das wirkt aber antiquiert und Du solltest es nur tun, wenn Dir wirklich nichts Besseres einfällt.

Erzähle eine kurze Story, starte mit einem "negativen" Wort: Verlust, Scheidung. Du kannst provozieren "Dies ist eine unangenehme Situation - Pause - für unsere Wettbewerber. Wir haben unseren Umsatz um 30 Prozent gesteigert." Du kannst mit einer Frage einsteigen: "Wollen wir heute unsere neue Software auf den Markt bringen?" Ich kann Deine Gedanken fast sprechen können. Es gibt hunderte von unterschiedlichen Rede-Einstiegen. In den Downloads findest Du eine Checkliste mit unterschiedlichen ersten Sätzen.

Hauptteil

Stellen wir uns den Aufbau einer Rede oder Präsentation wie ein Gebäude vor. Ich habe zuvor über Aristoteles geschrieben. Er stammte aus Griechenland. In der Nähe der Hauptstadt Athen steht die Parthenon, der Tempel auf der Akropolis. Stellt Euch das Bild des Tempels kurz vor. Es hat ein Fundament, das ist der Einstieg, die Einleitung in Deine Rede. Auf diesem Fundament des Parthenon stehen mehrere Säulen. Jede dieser Säulen steht für eines Deiner Argumente, den Hauptteil der Rede. Der Tempel hat ein Dach. Das ist der Schluss. Einleitung, Hauptteil, Schluss, wie in der Schule. Das Wichtigste bei allem: Sei authentisch und wecke keine Erinnerungen an die Schule. Du solltest nicht belehrend wirken, sondern auf Augenhöhe stehen.

Schauen wir uns nun die einzelnen Säulen, die Argumente Deines Gebäudes, näher an. Im täglichen Business steht die logische, sachliche Argumentation im Vordergrund. In der Regel präsentierst Du Zahlen, Daten, Fakten, Qualität, Effektivität, Wachstum, Verlust usw. Was machen nun viele Redner? Sie sprechen Marketing-Sprache aus der Imagebroschüre oder dreschen Phrasen raus, wie innovative Prozesse, sympathisches Team, hochwertige Produkte, zukunftsfähige Tools. Grauenvoll.

Wenn wir in einem Textdokument die Aufzählung von Argumenten deutlich machen, können wir einen Absatz, Punkte oder Zahlen einfügen. Ein Vortrag braucht ebenfalls eine logische Auflistung der Argumente, nur können wir keine Absätze einbauen.

Bei einer Rede brauchen wir eine "hörbare" Strukturierung, zum Beispiel: "Ich habe Ihnen heute fünf geheime Verkäufertools mitgebracht." "Ich zeige Ihnen vier Wege, wie wir unsere Prozesse verbessern können." "Ich lüfte nur für Sie die fünf Geheimnisse des…" So kannst Du Schritt für Schritt die einzelnen Argumente vorstellen und abarbeiten. Achte darauf, dass Du komplexe Dinge einfach darstellst.

Jedes Mal, wenn das Hirn der Zuhörer nacharbeiten muss, was Du gesagt hast, bedeutet das Widerstand. Arbeit im Kopf der Zuhörer ist Widerstand gegen Dich und Dein Vorhaben. Du spürst, Dein Publikum wird unruhig. Keine Panik. Du nutzt das Stilmittel der so genannten Pré-Deklaration. Das ist ein rhetorisches Mittel, um die Aufmerksamkeit des Publikums auf die eigentliche Botschaft zu lenken.

Beispiele:

- "Jetzt sage ich Ihnen,..."
- Jetzt erfahren Sie etwas, ..."
- "Passen Sie auf."
- "Hören Sie hin."
- "Jetzt kommt's."
- "Schnallen Sie sich an."

Wirksprache

Du kennst die Redensart „Ein Bild sagt mehr als tausend Worte"? Stimmt nicht ganz: Nachdem Du Deinen Lieblingsroman mit den charakterstarken Hauptfiguren zu Ende gelesen hast, freust Du Dich auf die Verfilmung im Kino und Du stellst fest - ein mit Worten erzeugtes Bild im eigenen Bewusstsein wirkt stärker als das Foto auf einer Leinwand. Was auch immer Du erzählst – es muss auf Anhieb verständlich sein. Zwing Deine Zuhörer nicht zum Nacharbeiten! Alles muss sich leicht aus Deinen Worten ergeben.

Komplexe Aussagen bringen Dein Publikum zu genau diesem Nacharbeiten, und sie folgen Dir nicht mehr. Wir haben bereits gelernt, dass Menschen sich nicht auf der rationalen Ebene überzeugen oder zu etwas motivieren lassen. Hier müssen wir das Unterbewusstsein ansprechen. Weil das Unterbewusstsein nur Bilder und Gefühle verarbeitet, erzeugst Du sprachliche Bilder und Gefühle in Deiner Präsentation. Das gelingt mit einfacher Wirksprache.

Wirksprache ist die Sprache, die die höchste Wirkung erzeugt. Zugleich ist sie die einfachste und kürzeste Art von Sprache.

Kaum ein Satz hat mehr als acht Wörter. Wirksprache macht Deine Rede zu einer atemberaubenden, mitreißenden Geschichte. Wirksprache ist Bildersprache. Mit Deinen gewählten Wörtern löst Du Bilder in den Köpfen der Zuhörer aus.

Und Du erzeugst Magie in den unterbewussten Schichten Deines Publikums mit Spannung wie in einem Krimi. Die Wirksprache funktioniert nur in der sprachlichen Gegenwart und am besten mit einem Datum. Nicht: *"Ich werde Ihnen die Umsatzzahlen zeigen"*. Sondern: *"Ich zeige Ihnen heute die Umsatzzahlen."* Im Storytelling sieht das so aus: "Weihnachten. 24. Dezember 2010. Es ist kalt. Der Schnee knirscht unter meinen Schuhen. Ich gehe einsam nach Hause. Mein Atem erscheint als Nebel in der Luft." Sofort erscheinen Bilder in Deinem Kopf.

In der Wirksprache gibt es keine Neben- sondern nur Hauptsätze. Also nicht: „Ich fahre an einer Straße entlang, an deren rechter Seite dichte Hecken stehen, die einen Abgrund verdecken." Sondern: „Ich fahre an einer Straße entlang. Rechts von mir: Hecken. Dahinter: ein Abgrund."

Statt Kommas darfst Du auch Doppelpunkte setzen. Hauptsätze machen Deine Sprache unfassbar stark. In der Wirksprache sind manche Wörter und Wendungen tabu: "Eigentlich", "Sozusagen", "Ich glaube", "Ich denke", "Ich finde", "Ich bin der Meinung", denn diese Wendungen machen Deine Aussagen weich.

Wenn Du Aussagen machst, verzichte auf "und", es ist ein Bindewort ohne Zugewinn. "Äh" zeigt nur Angst vor der Pause und Worthülsen wie „Transparenz wird bei uns großgeschrieben" sind nur langweilig. Richte keine Fragen an das Publikum oder Dein Team, dabei kannst Du Spannung und Aufmerksamkeit verlieren. Lass das Publikum nichts erarbeiten, was Du bereits weißt: "Was glauben Sie ist bei einer Cloud-Lösung wichtig?" Besser: "Und jetzt sage ich Ihnen, was bei einer Cloud-Lösung das allerwichtigste ist…"

Damit die Spannung nicht abfällt und Du die Neugier zwischen den Argumenten Deiner Zuhörer weckst sagst Du: "Jetzt wird's interessant." "Spitzen sie die Ohren…" oder "Und jetzt plaudere ich mal aus dem Nähkästchen…"

Metapher

Nutze die Kraft der Bilder, damit Deine Botschaften noch intensiver in die Köpfe der Zuhörer eindringen. Geschichten und Metaphern haben eine außergewöhnliche Wirkung auf uns. Wir erzählen Kindern Geschichten, damit sie einschlafen, Erwachsenen, damit sie aufwachen. Geschichten ermöglichen es, komplizierte Sachverhalte einfach und präzise darzustellen. Zudem nutzt Du den Unterhaltungswert von Geschichten und zapfst, wie oben bereits erwähnt, das Unterbewusstsein der Zuhörer an.

Erinnerst Du Dich an die kleine Geschichte vom Bären mit der Todesliste aus Kapitel zwei? Mit der Story habe ich erklärt, wie wichtig Kommunikation im Business ist. Geschichten schaffen Bilder vor unseren Augen und treten an die Stelle einer abstrakten Erklärung. Verkünde Deine eigenen Lebensregeln. Die Leute hängen an Deinen Lippen. Beispiel: „Jetzt gebe ich Ihnen einen Insider-Tipp, was Sie bei der Mitarbeiterauswahl beachten sollen…"

In fast jeder Präsentation gibt es die Folien mit der Organisationsstruktur und mit den Zahlen des Unternehmens.

Um die Zahlen, Daten und Fakten in Bilderwelten zu packen oder eine Geschichte zu erzählen, damit die Zuhörer sie sich merken können, nutze das Stilmittel der Analogie. Es bedeutet, dass Du über Deine Leidenschaft oder Dein Hobby redest und damit eine Brücke zum Business baust: Angeln, Fußball spielen, Marathon laufen. Mit Deiner Leidenschaft erklärst Du die Entwicklung der Firma, wie ein neues Projekt oder neue Software eingeführt wird.

Marathon: Vorbereitung, Training, Meilensteine, Visionen, Windschatten, Laufschuhe, Strategie, Disziplin, Durchhaltevermögen.
Kinder: Wachstum, Motivation, lebenslanges Lernen.
Raumfahrt: Countdown, Start, Umlaufbahn, Satellit, Antrieb, Entdeckung, Mondlandung, Schwerelosigkeit.
Radfahren: Extrameilen, Werkzeug, Ausstattung, Bekleidung, Technik.
Freunde: Vertrauen, Verlässlichkeit, Kundenfokus.
Kochen: Vision, Geduld, Kreativität, Gesundheit, Teamarbeit.
Bergsteigen: Risiko, Ziel, Team.

Schluss

Der Hauptteil besteht aus Deinen Argumenten, es sind die Säulen, die das Dach tragen. Das Dach ist der Schluss Deiner Rede oder Präsentation. Der Schauspieler Peter Ustinov hat einmal gesagt: "Der Schlüssel zu einer guten Rede lautet: Man braucht einen genialen Anfang, einen genialen Schluss und möglichst wenig dazwischen." Er meinte damit, dass der letzte Eindruck am intensivsten im Gedächtnis bleibt.

Das bedeutet: Keine Langeweile, Floskeln oder Phrasen zum Schluss des Vortrags, wie "Vielen Dank für Ihre Aufmerksamkeit…" oder "Ich bin nun am Ende meiner Präsentation angekommen…" Laufe am Ende nochmal zur Höchstform auf. Der Schluss einer Rede ist entscheidend dafür, was das Publikum mit auf den Weg nimmt, was in den Köpfen hängen bleibt. Das schlimmste Verbrechen, dass Du Deinem Publikum antun kannst ist eine überlange Rede oder Präsentation. "Zum Schluss zeige ich Ihnen noch ein Video" Oh nein, bitte nicht. Kein Video zum Schluss. Das Ende Deiner Rede gehört nur Dir als Persönlichkeit.

Eine Zusammenfassung Deiner Säulen, also Deiner Argumente ist ein gutes Beispiel, dass die Botschaften bei den Zuhörern ankommen.

Mit einer Handlungsaufforderung rundest Du Deinen Vortrag ab. "Und ab Morgen, setzen wir die neue Software in die Praxis um." Gute Journalisten greifen am Ende ihres Artikels den Anfang wieder auf und schließen somit einen Kreis, der Text wirkt "rund". Diese Technik kannst Du auch für Deine Rede oder Präsentation anwenden.

Ein weiterer Handlungsimpuls ist Hoffnung. Zeige eine Zukunftsvision, dass morgen etwas erreicht werden kann, was heute unvorstellbar ist. Mach Dein Team stolz. Es soll stolz auf die Firma, das Team oder auf das Projekt sein. Bringe Dein Publikum zum Lachen. Humor verbindet und ist die hohe Kunst der Rhetorik.

Nicht jeder kann einen Witz erzählen und Lacher produzieren. Oder Du endest mit einer poetischen Note: "Und vor allem bin ich hier, um allen zu sagen, ganz einfach zu sagen: Behaltet das Ziel im Blick, haltet durch."

8: Ziele formulieren

"Du musst keine Angst vor der Zukunft haben, denn Du kannst sie selber erschaffen." (Unbekannt)

Eine alte Weisheit sagt: „Wer vom Ziel nichts weiß, für den ist jeder Weg der Gleiche." Als Führungskraft musst Du wissen, was Du willst. Das schaffst Du, indem Du Dir Ziele formulierst. Was willst Du eigentlich? Welche Ziele hast Du für Deine Beziehung? Warum willst Du eine Führungskraft werden? Willst Du Karriere machen, um dicke Autos zu fahren, anzugeben, ein schönes Haus zu kaufen? Willst Du eine Familie gründen? Etwas bewirken oder etwas in der Firma verändern? Was sind Deine Ziele in der Freizeit? Marathon laufen? Willst Du eine wirkungsvolle Führungskraft werden, soll Dein Team die meisten Abschlüsse machen? Was sind Deine Ziele? In vielen Firmen wird nach wie vor autoritär und über Anwesenheitszeiten – statt durch Ziele und Vertrauen – geführt. Rudolph Giuliani, ehemaliger Bürgermeister von New York zur Zeit der Terroranschläge vom 11. September 2001, hat in seiner Autobiografie eine Reihe von Führungsprinzipien aufgezählt, wie er den Big Apple durch diese schreckliche Zeit geführt hat.

- Erledige das wichtigste zuerst
- Bereite Dich gewissenhaft vor
- Jeder ist jederzeit verantwortlich

- Umgib Dich mit erstklassigen Leuten
- Versprich wenig und halte viel

Diese Ziele des täglichen Handelns sind auf den ersten Blick banal und zugleich sehr wirksam. Ein Ziel hat immer drei Komponenten: Ort, Zeit und Form, zum Beispiel: Wir verdoppeln den Umsatz mit dem 3er BMW in China bis Ende 2018.

Was hindert uns noch, unsere Ziele zu erreichen? Es sind die täglichen Stolperfallen und die guten Vorsätze. Sie sterben als erstes bei der gut gemeinten Entscheidung: Ich packe das jetzt an und schaffe das. Stellt sich nun die Frage, wie Du Deine Zielerreichung optimieren kannst. Zunächst: Ohne Änderung Deiner Gewohnheiten, Deines täglichen Ablaufs ist es sehr schwierig, neue Herausforderungen anzugehen. Die deutsche Psychologin Gabriele Oettingen hat eine Technik der Zielerreichung entwickelt und hat es **WOOP** genannt. Es ist ein englisches Akronym. Das W steht für Wish (Wunsch), das erste O bedeutet Outcome (Ergebnis) das zweite O steht für Obstacle (Hindernis). Und das P bedeutet Plan, also der Plan. Was mich fasziniert an dem Modell ist die Aussage von Oettingen, dass positives Denken allein nicht hilft, um erfolgreich zu sein. Purer Optimismus macht die Menschen unerfolgreich. Oettingen nannte es positives Phantasieren.

WOOP funktioniert wie folgt: Zunächst denke an einen Wunsch, der Dir am Herzen liegt. Das kann ein großer Wunsch sein oder auch ein kleiner. Es kann um eine Beförderung gehen, ein Projekt, oder auch um ein unangenehmes Gespräch, das du hinter Dich bringen möchtest. Es sollte auch ein machbarer Wunsch sein. Ein Astronaut oder Primaballerina wirst Du auch mit WOOP nicht mehr, wenn du die 40 überschritten hast.

Als nächstes kommt das erste O, es steht für "outcome", also das Ergebnis. Du schaust Dir Deinen Wunsch hinter dem Wunsch genauer an. Überlege, was Du Dir von der Erfüllung Deines Wunsches erhoffst? Was wäre die positive Konsequenz? Wie willst Du dich fühlen? Was willst Du damit erreichen? Visualisiere diese Fragen und das Ergebnis. Somit bringst Du Dein Unterbewusstsein auf Kurs. Unser Unterbewusstsein kann nur Bilder verarbeiten und sich merken. Also stelle Dir vor, wie es sich anfühlt und wie es sein wird, wenn Du Dein Ziel erreicht hast. Visualisiere die Bilder dazu und sie bleiben in Deinem Kopf verankert. Hier tankst Du die Motivation.

Beim zweiten O - die Obstacles – stellst Du Dir vor, was alles in die Hose gehen könnte. Überlege, welche Grundsätze, Gefühle oder Gewohnheiten Dich womöglich blockieren.

Und nun entwirfst Du einen Plan und Handlungsstrategien, wie Du die kommenden Hindernisse überwinden wirst. Formuliere nun einen detaillierten Wenn-Dann-Plan für jedes Hindernis, das Dir eingefallen ist. Beispiel: "Wenn das Hindernis X auftaucht, werde ich Y machen." So einfach ist das. Der Plan hilft, die kniffeligen inneren Hindernisse wirklich aus dem Weg zu räumen.

Das Ziel der WOOP-Methode ist es, dass unsere positiven Wünsche und Fantasien mit dem Visualisieren der Hindernisse zu verknüpfen. Aber aufgepasst: Wenn wir von dem Erreichen zukünftiger Ziele träumen, entspannen wir uns. Es fühlt sich an, als liegen wir in der Hängematte und hätten unser Ziel bereits erreicht. Das Träumen raubt uns Energie. Und diese Energie fehlt uns, um ins Tun, ins Handeln zu kommen. Die WOOP-Methode kannst Du in jedem Lebensbereich anwenden und dadurch schneller und glücklicher deine hochgesteckten Ziele erreichen.

Vielleicht stellst Du im WOOP-Prozess auch fest, dass ein Hindernis zu groß ist, dass Dir der Aufwand zu hoch ist. Du würdest vielleicht gerne Italienisch sprechen, aber du möchtest nicht so viel Zeit zum Vokabellernen aufwenden.

Dann hilft die Technik dabei, sich von Wünschen zu trennen. Das setzt Kräfte frei für die Sachen, die Dir wirklich wichtig sind. Ich habe die WOOP-Technik ausprobiert und sie hat bei mir neue Kräfte und Denkprozesse in Gang gesetzt. Ich habe meinen sicheren, lukrativen Job gekündigt und mich mit der Zanderkompass-Akademie selbstständig gemacht. Mit der Technik habe ich festgestellt, dass meine Ziele viel größer sind als ich zunächst dachte. Und wenn Du WOOP regelmäßig machst, wirst Du merken, dass Du immer mehr und öfter etwas veränderst. Du wirst immer schneller darin, den Veränderungs-Prozess zu durchlaufen und Deine Ideen umzusetzen.

Auch wenn positives Denken allein nicht reicht, um erfolgreich zu sein: Formuliere Deine Ziele positiv: Unser Gehirn braucht bejahende Formulierungen, weil es nur Bilder sehen kann, um darüber Gefühle wahrzunehmen. Beispiel: Stell Dir nicht den Rosa Elefanten vor und zack, ist er da. Dein Gehirn ist Dein Navigationsgerät. Füttere es mit positiven Zielformulierungen und Du wirst Dein Ziel schneller erreichen. Ins Navi gibst Du auch nicht ein, ich will nicht nach München fahren.

Noch etwas möchte ich Dir mit auf den Weg geben, Deine Ziele zu erreichen: Es hängt alles allein von Dir ab. Nicht der Staat ist schuld, der andere Kollege, der Chef, der mich nicht mag, der blöde Montag, die schlechte Wirtschaft. Das sind alles Ausreden und hört sich wie Gejammer an. Nein: nur Du allein bist für die Erreichung Deines Ziels verantwortlich und sonst niemand anderer.

Achte bitte darauf, dass mit der Erreichung Deines Ziels, also auf dem Weg dorthin, niemand zu Schaden kommt. Gehe nicht über Leichen, um Dein Ziel zu erreichen. Alles in dieser Welt kommt zu Dir zurück und trifft Dich wieder. Sei positiv, ehrlich und gut bei der Zielerreichung.

Wenn Du Ziele für Dein Team festlegst, dann produziere keinen Datenmisthaufen, sondern schau genau hin, welche Kriterien und Kennzahlen wirklich die richtigen sind und setze sie konsequent um.

Mitarbeiter akzeptieren Ziele nur dann, wenn sie ihren persönlichen Zielen und ihrem Wertesystem entsprechen, sagt Daniel Pinnow, ehemaliger Geschäftsführer der Akademie für Führungskräfte der Wirtschaft. Sie sollten individuell auf den Mitarbeiter und zugleich auf die Ziele des Unternehmens abgestimmt sein. Nicht von oben misstrauisch auferlegt, sondern gemeinsam verhandelt und vereinbart. Zusätzliche Schubkraft erhalten Ziele, wenn sie über Bilder visualisiert sind, die in unserem Gehirn hängen bleiben, zum Beispiel: Zahlen über ein Diagramm sichtbar machen, Ziele über sogenannte Vision Boards, also Collagen aus verschiedenen Bildern, die das Projektziel zeigen und effektiv herausstellen oder das Ziel mit Bildern erfolgreicher Sportler oder Ähnliches vergleichen.

Die Herausforderung beim Erreichen von Zielen in der Praxis besteht darin, sich nicht ablenken zu lassen, den Fokus nicht zu verlieren. Du und Dein Team: Ihr seid fokussiert und investiert viel Zeit und Energie, die Ziele der Firma zu erreichen. Während gleichzeitig die Anforderungen des täglichen Arbeitsablaufs und die Wünsche der Kunden Dir dazwischenfunken.

Mein Tipp: Schau auf Deine Ziele und setze Prioritäten. Identifiziere die Ziele, welche für den Erfolg der Firma oder des Teams am wichtigsten sind. Schenke den drei wichtigsten Zielen auf Deiner Liste Deine gesamte Aufmerksamkeit. Experten zum Thema Durchführung raten Managern, nicht mehr als drei Fokuspunkte zu haben, wie ein Dreieck. Denn ein Dreieck ist die stabilste Form, um Energieverlust und dadurch Verformung zu widerstehen. Mein Praxistipp zum Abschluss: Verschwende nicht zu viel Zeit damit, Deinen Job zu verwalten, administrative Aufgaben zu erledigen, Zeitpläne zu erstellen, E-Mails zu schreiben und in Meetings zu sitzen. Interagiere, also kommuniziere mehr mit Deinem Team, reflektiere Dich so oft es geht und Du wirst sehen, Du erreichst Deine Ziele effektiver und einfacher.

Sich Ziele setzen bedeutet, seine Sterne neu ausrichten. Wie erreichst Du nun Deine Ziele? Indem Du einen Fuß vor den anderen setzt, also indem Du die richtige Strategie auswählst. Die Strategie sieht wie folgt aus:
Ein Ziel setzen: Ich setze fest, dass mein Team und ich den Umsatz verdoppeln wollen.
Termin: Ich setze einen ganz klaren Termin, wann ich das Ziel erreichen will. Am 31. Dezember 2021 werde ich mit meinem Team unseren Umsatz verdoppeln.
Planung/Strategie: Jetzt ist es wichtig, das große Ziel in Teilziele zu untergliedern. Schritt eins, Schritt zwei, Schritt drei. Lege Dir eine Route fest.

Setze Dir ein großes Ziel und unterteile es in Etappenziele. Sie sollten weder zu leicht, noch zu schwer sein. Der Vorteil bei den Etappenzielen ist, dass Du immer ein kleines Ziel erreichst, Erfolge feiern kannst und Du dem großen Ziel am Horizont immer einen kleinen Schritt näherkommst. So bleibst Du dran, Dein großes Ziel zu erreichen und verlierst Deine Motivation nicht aus den Augen. Du kannst Deine Fortschritte messen und festhalten und erzielst bereits erste Ergebnisse. Wenn Du keine exakten Ziele hast, verschwendest Du Deine Energie. Du verlierst den Fokus. Mit einem konkreten Ziel baust Du Deine Vorstellungskraft auf und fütterst diese durch Dein Handeln permanent mit Ergebnissen. Du kannst es gar nicht abwarten, Deine Ziele zu erreichen. Ich zeige Dir jetzt zehn Schritte, wie Du Dein Ziel in Angriff nehmen kannst. Ich habe diese zehn Schritte auf einem Seminar von Motivationscoach Jürgen Höller gelernt und erfolgreich ausprobiert. Sie funktionieren wie folgt:

1.) Schreibe Dein Ziel auf: Ich will den Umsatz meines Teams bis zum 31. Dezember 2021 verdoppeln.
2.) Du weißt, wer fragt der führt. Formuliere Dein Ziel mit einer Frage: Was muss ich tun, damit ich bis zum 31. Dezember 2021 meinen Umsatz verdoppelt habe?

3.) Lass Deine Gedanken freien Lauf und schreibe die Antworten auf.
4.) Nun schaust Du auf Deine Antworten und wählst die besten fünf aus.
5.) Aus diesen fünf nimmst Du die beste Idee heraus und schreibst sie auf.
6.) Du stellst Dir eine offene Frage: Wie/Womit/Was kann ich diese überragende Idee erreichen/steigern/beeinflussen etc.
7.) Schreibe jetzt wieder alle Antworten auf, die Dir dazu einfallen.
8.) Nun greifst Du Dir die besten fünf Antworten heraus, die Du sofort umsetzen kannst, um Dein Ziel zu erreichen.
9.) Nun musst Du mit einem Zeitplan ins Handeln kommen und schreibst auf: Was tue ich, wann, wie und mit wem?

Erfolg besteht aus drei Buchstaben: T-U-N.

Ziele zu formulieren und sie aufzuschreiben bringt Dich Deinem persönlichen Erfolg schneller näher. Solltest Du mit den oben genannten Zielformulierungen nicht zurechtkommen, stelle ich Dir hier noch die beliebte SMART-Formel vor. Sie stammt aus dem Projektmanagement. Mit dieser Formel kannst Du einzelne Ziele für Deine Mitarbeiter oder Dein Team festlegen.

Spezifisch: Ziele so konkret wie möglich formulieren.
Messbar: Qualitative und quantitative Messgrößen bestimmen.
Attraktiv: Plane Deine Ziele so, dass Du auch Lust hast, sie zu erreichen.
Realistisch: Die Aufgabe mit den vorhandenen Ressourcen und Mitteln in der vorgegebenen Zeit zu erreichen.
Terminiert: Was ist bis wann zeitlich bindend zu erledigen.

Ich gehe auf die Formel nicht näher ein, weil sie mit ein paar schnellen Klicks im Internet zu recherchieren ist.

Welche persönlichen Ziele verfolgst Du als junge Führungspersönlichkeit? Ich rate Dir, entwickle Deine eigenen Ideen. Mit Ideen und Visionen begeisterst Du die Menschen.

Hier ein paar Beispiele:

Alexander der Große, Eroberer: "Ich schaffe ein Reich, in dem die Sonne niemals untergeht."
Christoph Kolumbus, Entdecker: "Ich segle nach Westen, um Indien zu entdecken."
John F. Kennedy, amerikanischer Präsident: "In zehn Jahren haben wir einen Amerikaner auf dem Mond."
Hannibal, Feldherr der Antike: "Es gibt keinen Weg über die Alpen, dann bauen wir einen."
Steve Jobs, Apple Gründer: "1.000 Songs in der Tasche."

Mit welcher Idee begeisterst Du Dein Team, damit jeder Einzelne morgens mit einem starken "Warum" aufsteht, auf der Bettkante sitzt und zu sich sagt: "Ich stehe heute Morgen auf und gehe zur Arbeit weil….."

Zusammenfassung

„Behandle die Menschen so, als wären sie, was sie sein sollten, und du hilfst ihnen zu werden, was sie sein können." Johann Wolfgang von Goethe

Die Tatsache, dass Du dieses Kindl bis zum Ende gelesen hast zeigt Dein enormes Interesse an diesem spannenden Thema. Herzlichen Dank für Dein Vertrauen. Ich bin mir sicher: Du gehst souverän, sicher und innerlich stark als junge Führungspersönlichkeit die nächsten Schritte in Deinem Job an. Du bist jetzt in der Lage, wertschätzendes Feedback zu geben, Konfliktgespräche zu führen, eine begeisternde Rede zu halten und mit den richtigen Gedanken morgens aufzustehen und ein geiles Leben zu leben. Wichtig ist, dass Du es tust und nicht nach Perfektion strebst. Nur über einen gemeinsamen Dialog auf Augenhöhe mit den Mitarbeitern erreichst Du Deine Ziele und feierst sensationelle Ergebnisse.

Der Ratgeber ist ein Plädoyer für den bewussten Umgang mit der Sprache in der Business-Welt. Mit absoluter Sicherheit gilt: Der Weg zu einer wertschätzenden und offenen Führungs-Kommunikation führt nur über die Sprache. Kollegen, Freunde, Mitarbeiter, Familie und Bekannte mit rhetorischen Mitteln zu beeinflussen, führt dagegen immer in die Irre und in den ärgerlichen Konflikt.

Die Wahrheit ist, dass wertschätzende Kommunikation ein Aushängeschild unserer Persönlichkeit ist: Du bist gut und ich bin gut. Wir werden über unsere Sprache charakterisiert und von anderen bewertet, insbesondere im Business. Tatsache ist, dass junge Führungskräfte mit einer offenen und klaren Kommunikation ihre souveräne Ausstrahlung und Persönlichkeit verbessern sowie ihre Mitarbeiter begeistern.

Ich wünsche Dir beim Umsetzen in die Praxis viel Spaß und Erfolg.

Über den Autor

Holger Zander ist ein Dorfkind aus Norddeutschland. Aufgewachsen im ländlichen Achmer im Landkreis Osnabrück. Holger ist 1969 geboren und spielte als Junge mit seinen Freunden auf allen Bolzplätzen der Gegend. Er liebt den Wettbewerb und die unverblümte Sprache auf den Plätzen. Als Schülersprecher redete er oft vor großem Publikum und war gut im Schreiben. Er studierte an der Deutschen Sporthochschule in Köln und an der Universität Osnabrück Sport und Kommunikation. Nach seinem Volontariat führte ihn sein Weg aus dem Dorf nach München zum Fernsehen, in Marketing-Agenturen und in die freie Wirtschaft. Holger hat in den vergangenen 25 Jahren als Berater, Redaktionsleiter und Agenturinhaber gearbeitet und ist ein Fortbildungsjunkie. Zahlreiche Größen aus Sport und Entertainment wie Udo Lattek, Otto Rehhagel, Uwe Mehdorn, sowie Katja Riemann und Thomas Gottschalk hat er interviewt. Als Leiter Unternehmenskommunikation der größten deutschen Autohausgruppe war er in den vergangenen Jahren für die interne und externe Kommunikation von 50 Autohäusern und als Coach für junge Führungskräfte verantwortlich. Mit der Gründung der Zanderkompass-Akademie lebt er seinen Traum. Er berät Autohäuser in der PR, der Change- und Krisenkommunikation und vermittelt jungen Führungskräften Sicherheit, Souveränität und innere Stärke auf ihrem Weg zur wirksamen Führungspersönlichkeit.

Copyright © 2020

Holger Zander
Eifelstraße 18, 81677 München
www.zandercompass.onepage.me
welcome@holger-zander.com
Tel: 0151/277 622 43

Dieses Werk ist urheberrechtlich geschützt.
Alle Rechte, auch die der Übersetzung, des Nachdrucks und der Vervielfältigung des Werkes oder Teilen daraus, sind vorbehalten. Kein Teil des Werkes darf ohne schriftliche Genehmigung des Verlags in irgendeiner Form (Fotokopie, Mikrofilm oder einem anderen Verfahren), auch nicht für Zwecke der Unterrichtsgestaltung, reproduziert oder unter Verwendung elektronischer Systeme verarbeitet, vervielfältigt oder verbreitet werden.

Die Wiedergabe von Gebrauchsnamen, Handelsnamen, Warenbezeichnungen usw. in diesem Werk berechtigt auch ohne besondere Kennzeichnung nicht zu der Annahme, dass solche Namen im Sinne der Warenzeichen- und Markenschutz-Gesetzgebung als frei zu betrachten wären und daher von jedermann benutzt werden dürfen. Trotz sorgfältigem Lektorat können sich Fehler einschleichen. Autor und Verlag sind deshalb dankbar für diesbezügliche Hinweise. Jegliche Haftung ist ausgeschlossen, alle Rechte bleiben vorbehalten.

Eindrücke und Impressionen:

www.ingramcontent.com/pod-product-compliance
Lightning Source LLC
Chambersburg PA
CBHW050010230526
45465CB00003BB/1356